剑桥智商课

玩的就是聪明

[英]乔·卡梅伦 著 浦克 译

IQ CAMBRIDGE
PLAY SMART

北京联合出版公司
Beijing United Publishing Co.,Ltd.

图书在版编目（CIP）数据

剑桥智商课 /（英）卡梅伦著；浦克译 . -- 北京：
北京联合出版公司，2013.10（2023.3 重印）
ISBN 978-7-5502-2075-1

Ⅰ.①剑… Ⅱ.①卡… ②浦… Ⅲ.①智力测验—通
俗读物 Ⅳ.① G449.4-49

中国版本图书馆 CIP 数据核字 (2013) 第 247504 号

剑桥智商课

作　　者：［英］卡梅伦
译　　者：浦　克
出 品 人：赵红仕
责任编辑：崔保华
封面设计：王　鑫

北京联合出版公司出版
（北京市西城区德外大街83号楼9层 100088）
北京新华先锋出版科技有限公司发行
小森印刷霸州有限公司印刷　新华书店经销
字数233千字　787毫米×1092毫米　1/16　27印张
2013年7月第1版　2023年3月第2次印刷
ISBN 978-7-5502-2075-1
定价：99.00元

挑战 IQ

你准备好挑战你的 IQ 了吗？

500 多道逻辑测试、谜题以及难题将全面挑战你的能力，让你**拿得起，放不下。**

作者根据难易程度将测试题精心分成 20 级，由易到难，循序推进。要想得到最好的训练效果，请按部就班，**从第 1 级入手。**通过前几级的练习，你会逐渐掌握解题方法和逻辑思路，这将对你进行更高级的练习大有裨益。

不要在一道题上"恋战"过久，最好跳过，继续前进，过一段时间后再回来解决它。**记住：千万不要禁不住诱惑而去看答案。**大多数情况下，如果你换一个角度看问题，答案会变的很明朗——仅仅是些逻辑问题而已。

IQ 挑战最重要的不是得到最后的答案，而是训练你大脑的逻辑思维方式，使你的思维更加敏锐。如果你做错了一道测试题，那么请对照答案仔细思考解题过程。在拥有了前 19 级的知识和训练后，你便面临着一次挑战——我们**全力以赴、精心设计**的第 20 级。

本页后面罗列了几个图表，它们在练习中将十分有用。所有的测试题都是关于数学或字母的运算，因此完成书中的挑战并不需要其它方面的相关知识。

挑战无限，诚祝好运！

乘 法 表

●	**1**	**2**	**3**	**4**	**5**	**6**	**7**	**8**	**9**	**10**	**11**	**12**
1	1	2	3	4	5	6	7	8	9	10	11	12
2	2	4	6	8	10	12	14	16	18	20	22	24
3	3	6	9	12	15	18	21	24	27	30	33	36
4	4	8	12	16	20	24	28	32	36	40	44	48
5	5	10	15	20	25	30	35	40	45	50	55	60
6	6	12	18	24	30	36	42	48	54	60	66	72
7	7	14	21	28	35	42	49	56	63	70	77	84
8	8	16	24	32	40	48	56	64	72	80	88	96
9	9	18	27	36	45	54	63	72	81	90	99	108
10	10	20	30	40	50	60	70	80	90	100	110	120
11	11	22	33	44	55	66	77	88	99	110	121	132
12	12	24	36	48	60	72	84	96	108	120	132	144

立方数表		平方数表
1	1	1
2	8	4
3	27	9
4	64	16
5	125	25
6	216	36
7	343	49
8	512	64
9	729	81
10	1000	100
11	1331	121
12	1728	144
13	2197	169
14	2744	196
15	3375	225
16	4096	256
17	4913	289
18	5832	324
19	6859	361
20	8000	400

字母数值表

1	A	26
2	B	25
3	C	24
4	D	23
5	E	22
6	F	21
7	G	20
8	H	19
9	I	18
10	J	17
11	K	16
12	L	15
13	M	14
14	N	13
15	O	12
16	P	11
17	Q	10
18	R	9
19	S	8
20	T	7
21	U	6
22	V	5
23	W	4
24	X	3
25	Y	2
26	Z	1

质数表

2
3
5
7
11
13
17
19
23
29

第 *1* 题

请在图中带问号的圆圈中填入合适数字。

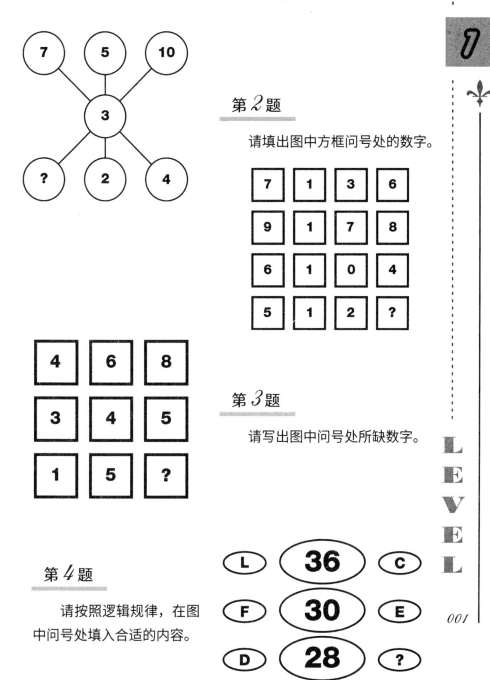

第 *2* 题

请填出图中方框问号处的数字。

第 *3* 题

请写出图中问号处所缺数字。

第 *4* 题

请按照逻辑规律，在图中问号处填入合适的内容。

第5题

按照逻辑规律，请填出图中问号处所缺的数字。

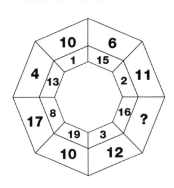

```
      6              10             12
     /7\            /9\            /?\
    2---4          5---7          3---4
```

第6题

请在网状图形中，填出空白处所缺数字。

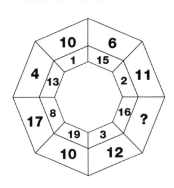

```
        10    6
      4  1  15  11
         13  2
      17 8       16 ?
         19  3
        10   12
```

第7题

请在图中问号处填入合适数字，完成本题。

```
⟨6⟩   ⟨5⟩   ⟨4⟩
⟨9⟩   ⟨7⟩   ⟨5⟩
⟨11⟩  ⟨8⟩   ⟨?⟩
```

第8题

请在在图中问号处填入所缺字母。

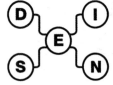

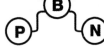

第9题

请填出图中问号处所缺数字。

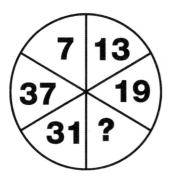

第10题

请填出图中问号处所缺字母。

第11题

请在问号处填入合适数字，完成本题。

第12题

按照逻辑规律，请填出图中问号处所缺字母。

LEVEL

第 *13* 题

请在五块备选手表中选出合适的一块。

A   B   C   D   E

| 3:19 | 3:07 | 2:19 | 3:44 | 1:07 |

第 *14* 题

请填出最后一颗五角星中所缺字母。

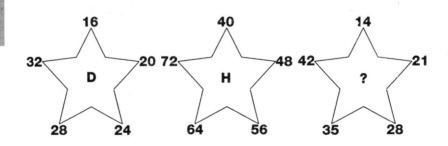

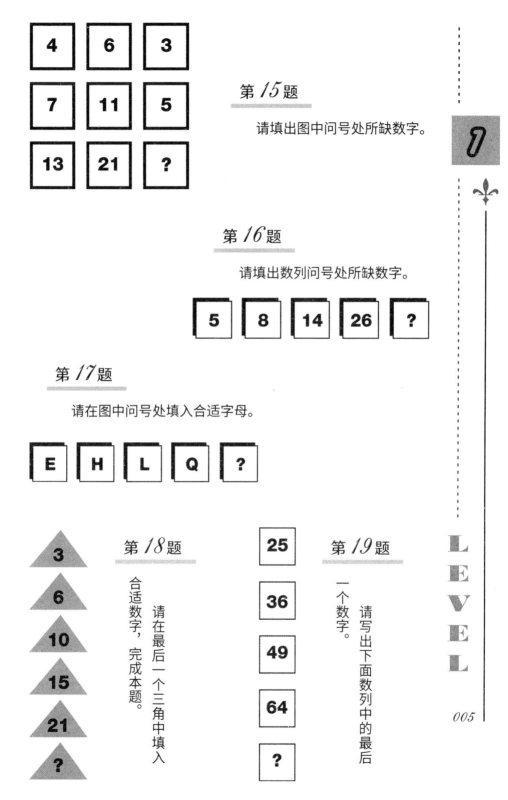

4	6	3
7	11	5
13	21	?

第 *15* 题

请填出图中问号处所缺数字。

第 *16* 题

请填出数列问号处所缺数字。

5	8	14	26	?

第 *17* 题

请在图中问号处填入合适字母。

E	H	L	Q	?

3

6

10

15

21

?

第 *18* 题

请在最后一个三角中填入合适数字，完成本题。

25

36

49

64

?

第 *19* 题

请写出下面数列中的最后一个数字。

第 *20* 题

请选出第一列问号处所缺图形。

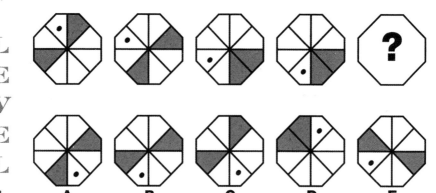

第 *21* 题

请从六个备选项中选出合适图形，完成本题。

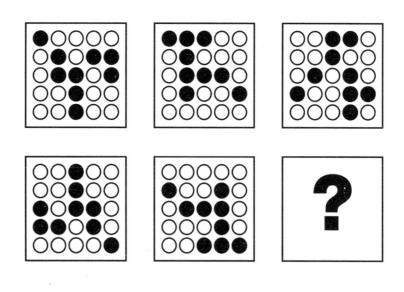

A　**B**　**C**　**D**　**E**　**F**

请在图中空白处，填入合适的扑克牌。

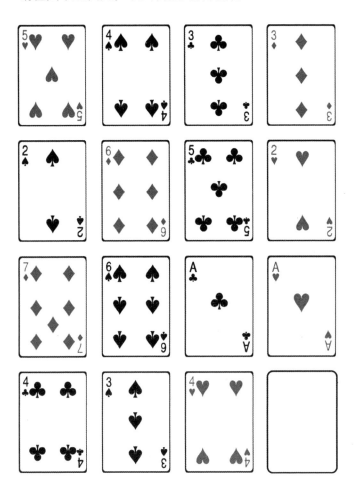

第23题

请填出图中问号处所缺数字。

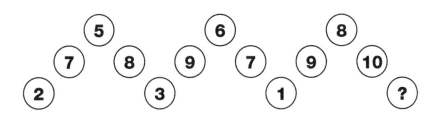

第24题

请填出最后一个圆圈中所缺数字。

第25题

请填出图中所缺字母。

第26题

下图的 8 个硬币组成了一个四边形，且每边由 3 个硬币组成，请移动其中的 4 枚硬币，使之变成每边 4 枚硬币的四边形。

第27题

请写出图中问号处所缺数字。

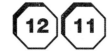

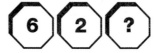

图中问号处应该是什么图形？

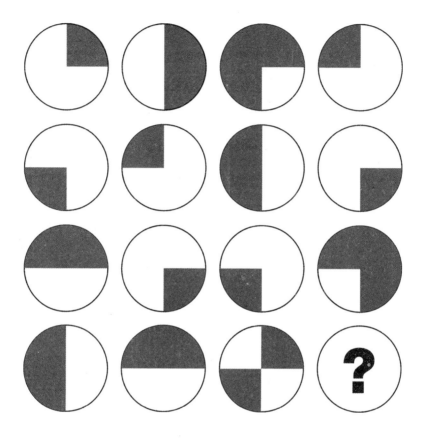

请在图中问号处填入合适的多米诺骨牌。

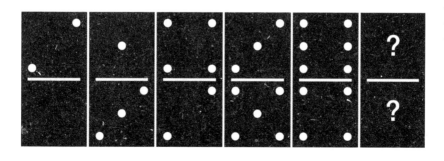

L
E
V
E
L

第 30 题

请按照顺序，填补出空白处的数字。

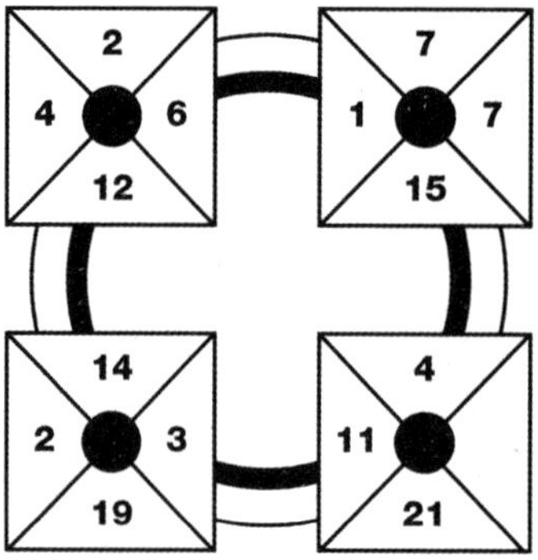

第 31 题

请填出空白处的字母。

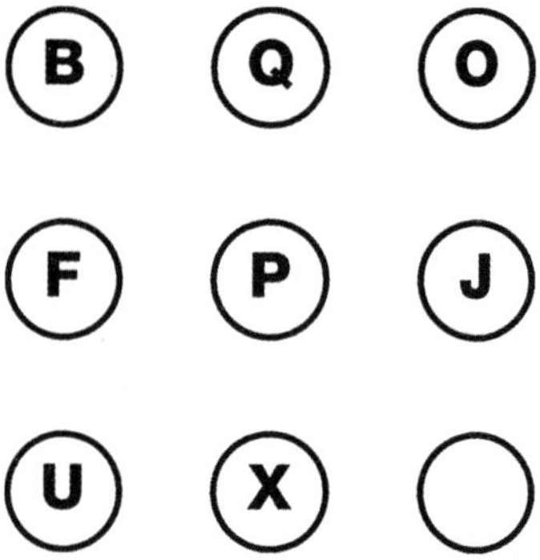

B Q O

F P J

U X ◯

3 7 10 17 27 44 301 186 115

第 32 题

请填出下面数字链中所缺的数字。

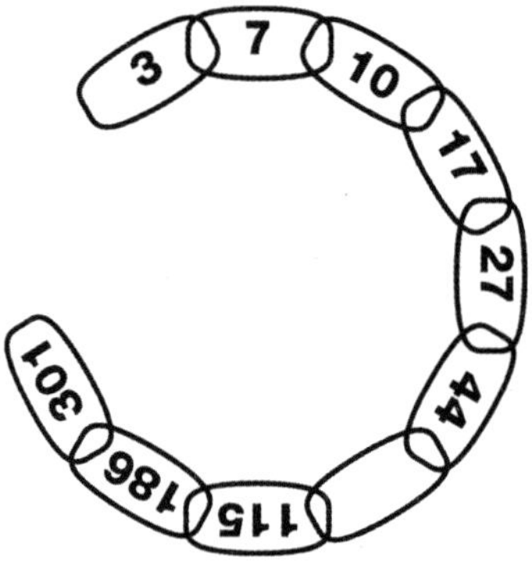

1

第 33 题

请填出空白处的数字。

2	3	9
7	6	2
16	11	12
25	20	

第 *34* 题

请填出第三个圆中所缺字母。

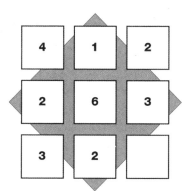

第 *35* 题

请填出空白处所缺数字。

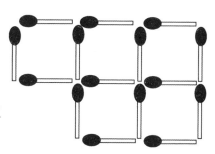

第 *36* 题

请移动三根火柴，变成三个正方形。

第 *37* 题

请填出最后一个字母。

第 38 题

请填出空白正方形中的字母。

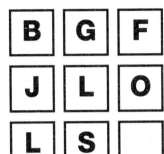

B	G	F
J	L	O
L	S	

第 39 题

请根据逻辑规律，在最后一个空格中填入合适的数字。

5	3	8
4	9	13

2	7	9
3	1	4

3	6	9
7	1	

第 40 题

请按照规律，在空白处填入合适的数字。

（7） （2） （9）
（　） （3） （12）
（12） （4） （16）

第 41 题

请填出图中所缺数字。

（3） 9 （3）
（5） 7 （1）
（7） 1 （　）

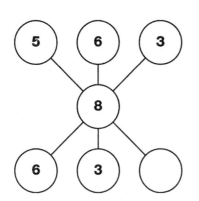

请在空白处填入合适的数字。

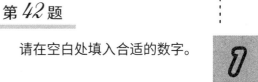

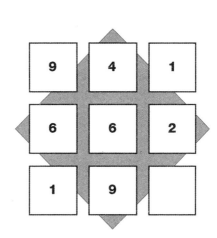

第 43 题

请在空白处填入合适的
数字。

第 44 题

判断其中规律，在空白处画
出合适的图形。

第 45 题

请在空白处填入合适的
数字。

第46题

请在空白处填入合适的数字。

（2）（3）（5）
（7）（11）（13）
（17）（19）（ ）

第47题

请在下面正方形的问号处，填入合适的数字。

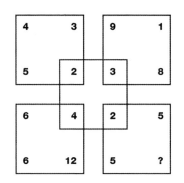

第48题

请在下面两个椭圆中，分别选出一个与其它字母特征差别最大的字母。

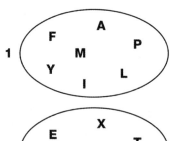

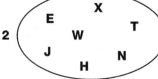

第49题

请在空白区域填入合适的数字。

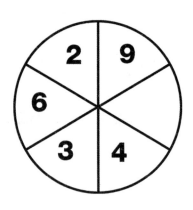

第50题

请在最后一个空白圆圈里，填入合适的字母或数字。

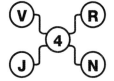  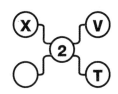

第51题

请你计算出图形中所缺字母。

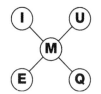

第52题

请在空白正方形内填入合适的数字。

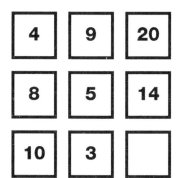

第53题

请根据逻辑规律，填出最后一个数字。

L
E
V
E
L

第 54 题

根据连接在漂浮物上的齿轮，你能推算出洪水警告是否正确吗?

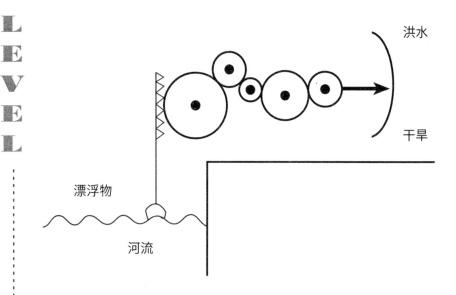

洪水

干旱

漂浮物

河流

第 55 题

请按照顺序，推算出空白处的字母。

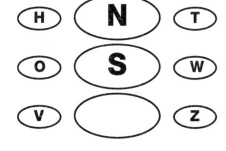

第 56 题

请在圆轮的空白区域填入合适的字母或数字。

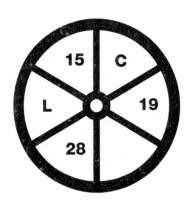

第57题

请按照顺序，在空白处填入合适的扑克牌。

第58题

请填出图中所缺的两个字母。

第59题

请在最后一个圆中的合适位置画出黑点。

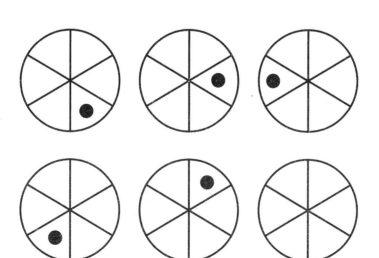

第 60 题

请在第三个圆中填入所缺数字。

第 61 题

请用合适的字母将最后一颗五角星填写完整。

第 62 题

请填出图中所缺的两个字母。

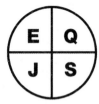  

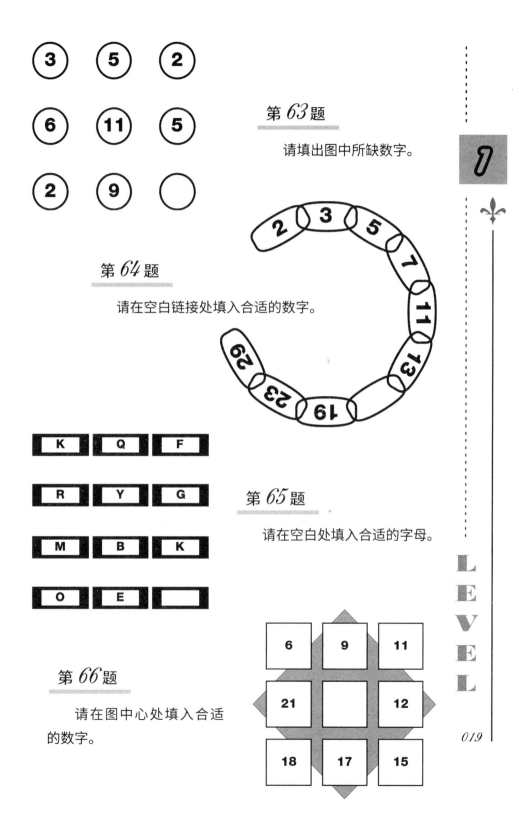

第63题

请填出图中所缺数字。

第64题

请在空白链接处填入合适的数字。

第65题

请在空白处填入合适的字母。

第66题

请在图中心处填入合适的数字。

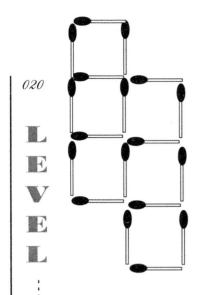

第 1 题

请移动两根火柴，留下四个正方形。

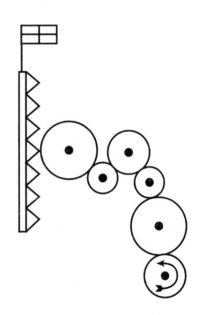

第 2 题

如果下面的齿轮是按照逆时针方向转动的，那么上面的旗帜是上升，还是下降呢？

第 3 题

请按照顺序，在空白处填入合适的数字。

 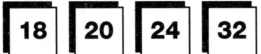

| 18 | 20 | 24 | 32 | |

第4题

请在空白处填入合适的数字。

10	**8**	6
3	**7**	11
2		4

第5题

请在下图最后一格中，填入合适的字母。

B	H	J
K	F	Q

T	A	U
G	H	O

L	N	Z
R	C	

第7题

请在最后一格中，填入合适的数字。

D	W
2	7
U	L
3	3
G	O
2	

第6题

请在空格中填入所缺数字。

8	3	4
1	5	
6	7	2

第 *8* 题

请在最后一颗五角星中，填入所缺字母。

第 *9* 题

请按照顺序，在空白处填入合适的字母。

第 *10* 题

请在空白圆圈中，填入合适的字母。

D

P

B

N

第 *11* 题

请在最后一个三角形顶端，填入合适的数字。

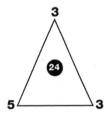

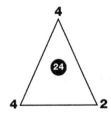

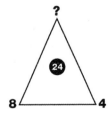

第 *12* 题

请按照逻辑顺序，完成本题。

5	13	4
6	10	2

3	19	8
6	20	

第 *13* 题

请在问号处，填入合适的字母。

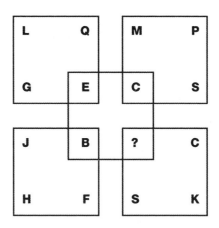

第 *14* 题

请仔细观察下图，在空白正方形中填写合适的符号。

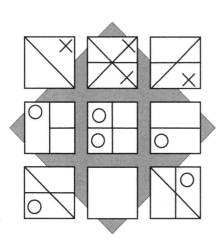

第 *15* 题

请填出数列中所缺数字。

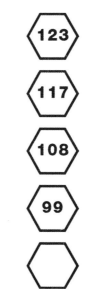

第 16 题

请按照规律，在给出的四个选项中，选出合适的答案。

?

A　　　**B**　　　**C**　　　**D**

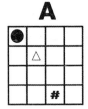 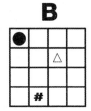 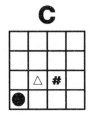

第 *17* 题

请填出图中所缺数字。

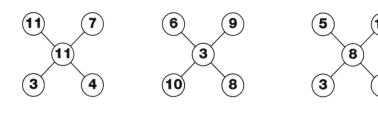

第 *18* 题

请选出合适的选项。

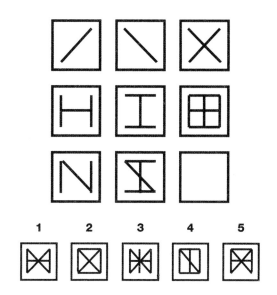

第 *19* 题

请填出图中所缺数字。

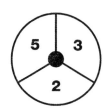  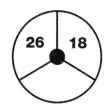

第 20 题

请使用 1 到 9 中任意数字完成下面的三角形，保证每条边的数字之和都是 20。

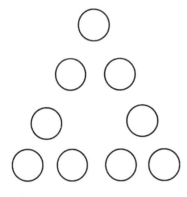

第 21 题

请填出图中所缺数字。

第 22 题

请填出最后一个圆轮中所缺数字。

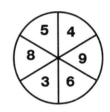

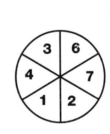

第 23 题

请在空白区域内填入合适的数字。

第24题

肖恩上周捕获了一条鱼，他想量出鱼的长度，但是发现他的尺子不够长。他能量出鱼头的长度是9厘米，然后他量鱼尾的长度等于鱼头加上半个鱼身的长度。如果鱼身是鱼头加上鱼尾的长度，请问整条鱼长度是多少？

第25题

请填出链条中所缺数字。

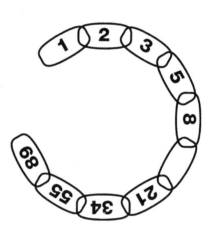

第26题

请在空白处填入合适的字母。

第27题

请根据逻辑，填出中心空白处的数字。

请在下面六组图形中，选出合适的选项。

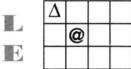

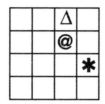

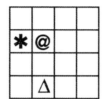

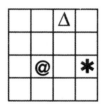

?

A　　　**B**　　　**C**

D　　　**E**　　　**F**

第 29 题

请在空白处填入合适的数字。

 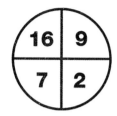 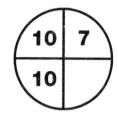

第 30 题

请在空白处填入合适的字母。

 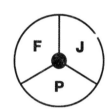 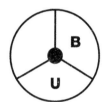

第 31 题

请在空白处填出合适的字母。

第 32 题

请按照顺序，在空白处填入合适的字母。

第 *33* 题

图中空白圆圈处应该填入哪个数字？

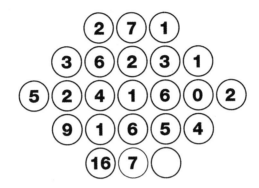

第 *34* 题

请在六个选项中选出符合上面图形变化规律的一个。

A　　**B**　　**C**　　**D**　　**E**　　**F**

第 35 题

图中分针应该指向哪里?

第 36 题

请填出最后一个圆圈中所缺数字。

5	9
1	4

7	12
1	9

9	8
1	7

12	10
2	?

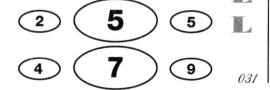

L	P	V
R	J	B
X	D	?

第 37 题

图中缺少哪个字母?

第 38 题

请在图中问号处填入合适的数字。

2	5	5
4	7	9
6	8	?

第39题

请填出最后一个五角星中所缺字母。

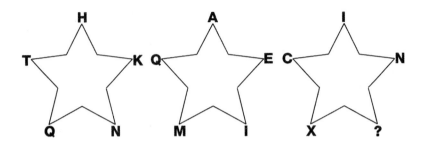

第40题

请在最后一个三角形顶端填入合适的字母。

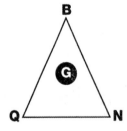
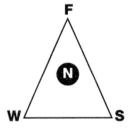
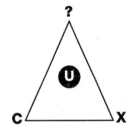

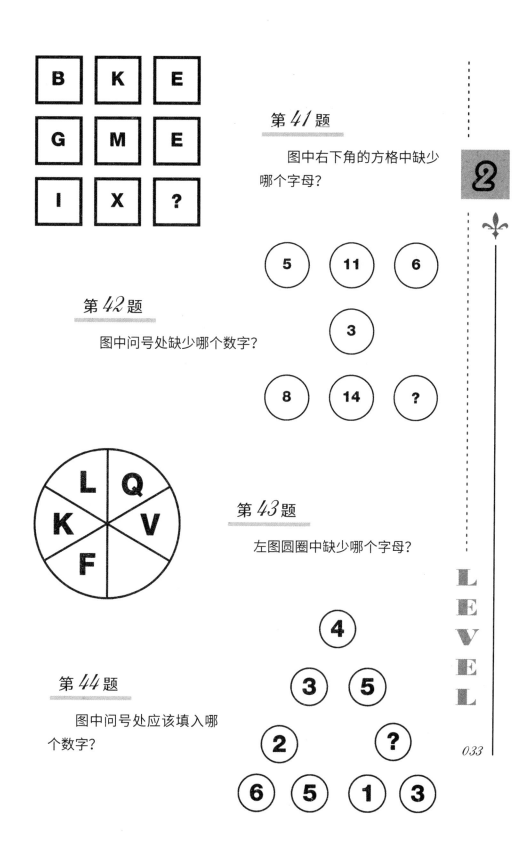

第 *41* 题

图中右下角的方格中缺少哪个字母?

第 *42* 题

图中问号处缺少哪个数字?

第 *43* 题

左图圆圈中缺少哪个字母?

第 *44* 题

图中问号处应该填入哪个数字?

第45题

图中最下面的方格中应该填入什么数字？

2

6

14

30

?

第46题

请在图中问号处填入合适的数字。

7	9	11
6	3	4
4	5	?

第47题

请按照顺序，从下列五个备选项中选出时间显示合适的一块手表。

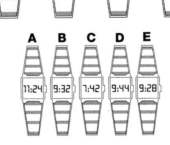

5:02 7:02 7:22 7:24 9:24

A 11:24 B 9:32 C 7:42 D 9:44 E 9:28

第 *48* 题

请从五个备选项中，选出图中问号处所需图形。

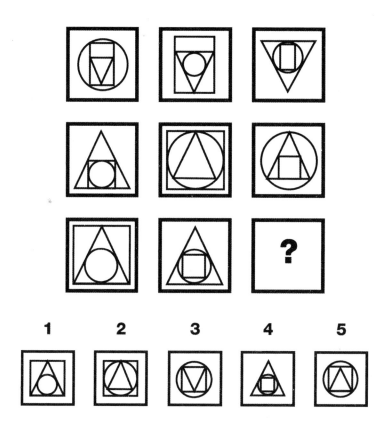

第 *49* 题

请在图中最后一个圆圈的问号处填入合适的数字。

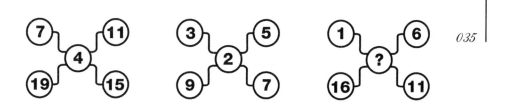

第 50 题

请在图中问号处填入合适的字母。

P	N
T	R
X	V
B	Z
F	D
J	?

第 51 题

请填出图中问号处所缺数字。

12	15	18
20	24	28
30	35	?

第 52 题

图中问号处应该是哪个数字？

| 21 | 28 | 35 | 42 | ? |

第 53 题

图中右下角的圆圈内应该是哪个数字？

2   0   9

23

1   8   ?

第 *54* 题

请填出最后一个三角中问号处所缺字母。

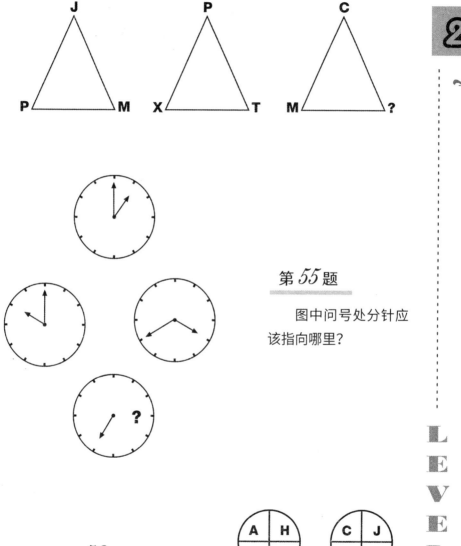

第 *55* 题

图中问号处分针应该指向哪里？

第 *56* 题

图中问号处应该是哪个字母？

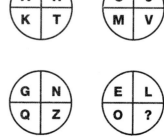

第 57 题

请在图中问号处填入所缺数字。

3 8 18 38 ?

第 58 题

请在图中空白处填入所需字母。

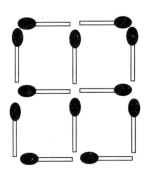

第 59 题

请只移动两根火柴，使之成为七个正方形。

第 60 题

请在数字金字塔中空白处填入合适的数字。

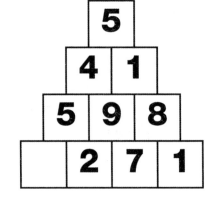

第 1 题

最下面的表应该是几点？

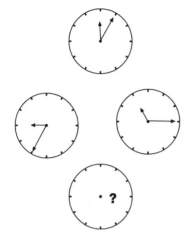

第 2 题

请在图中问号处填入四个合适的字母。

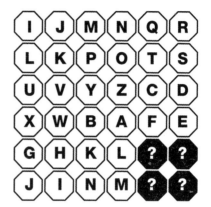

第 3 题

请在图中右下方的问号处填入合适数字。

第4题

请填出图中问号处所缺数字。

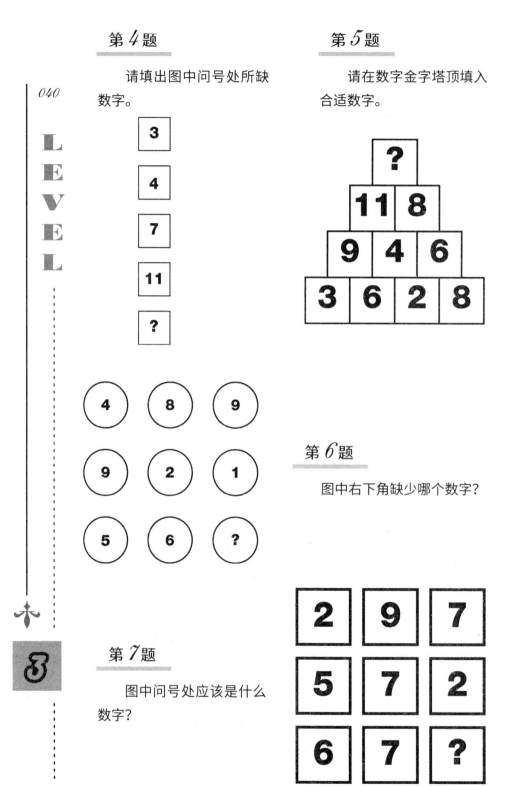

3

4

7

11

?

4   8   9

9   2   1

5   6   ?

第5题

请在数字金字塔顶填入合适数字。

?

11   8

9   4   6

3   6   2   8

第6题

图中右下角缺少哪个数字？

2   9   7

5   7   2

6   7   ?

第7题

图中问号处应该是什么数字？

图中问号处应该是哪个图形?

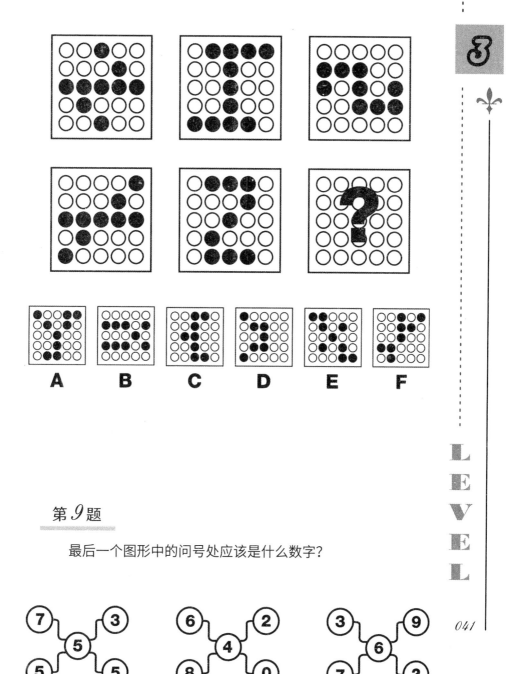

A   **B**   **C**   **D**   **E**   **F**

第9题

最后一个图形中的问号处应该是什么数字?

第10题

请在图中问号处填入合适的数字。

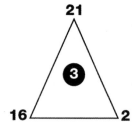

17
9
5   3

21
3
16   2

19
?
5   9

第11题

请在图中问号处填入合适的数字。

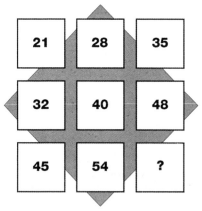

21	28	35
32	40	48
45	54	?

第12题

请在图中问号处填入合适的数字。

0	9
1	6
2	5
3	6
4	9
6	?

第 13 题

请在图中问号处填入合适的数字。

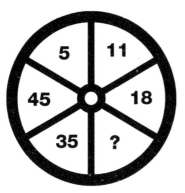

第 14 题

图中右下角问号处应该是什么数字？

第 15 题

图中右下角问号处应该是哪个数字？

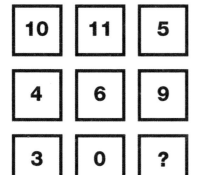

第 16 题

图中右下角问号处应该是哪个数字？

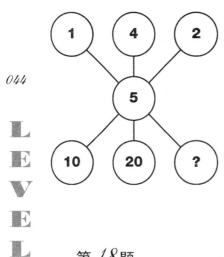

L
E
V
E
L

第 17 题

请在图中问号处填入合适的
数字。

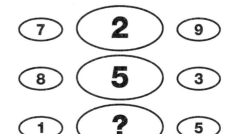

第 18 题

按照逻辑规律，请填出
图中问号处所缺数字。

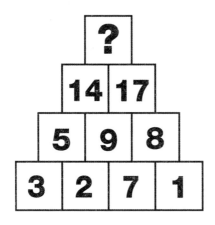

第 19 题

图中数字金字塔顶应该
是哪个数字？

第 20 题

请在图中问号处填入合适的数字。

| 27 | 64 | 125 | 216 | ? |

请从六个备选项中，选出空白格子中合适的图形。

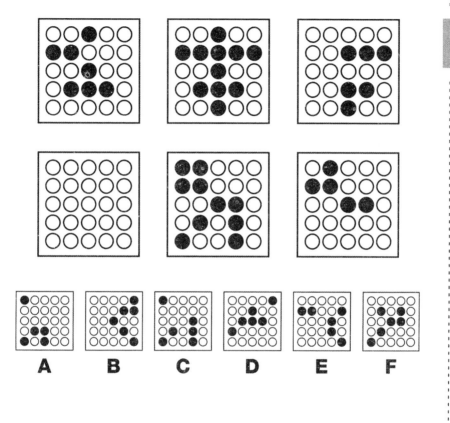

A　　**B**　　**C**　　**D**　　**E**　　**F**

按照逻辑规律，请填出图中问号处所缺数字。

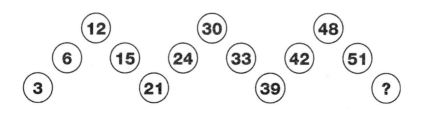

第23题

图中空白处应该填入哪些扑克牌?

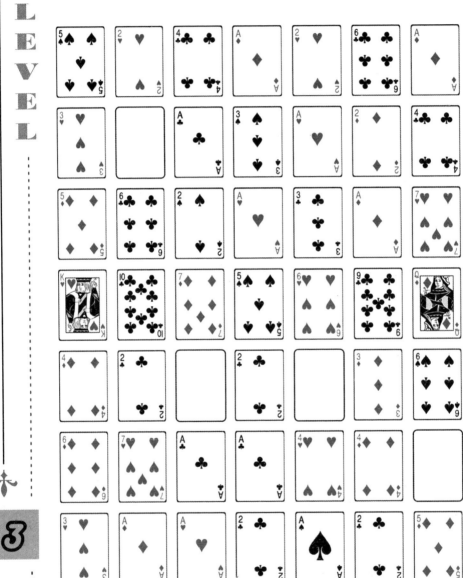

第 24 题

请在图中问号处填入合适的数字。

第 25 题

在右图中，5 根火柴组成 2 个等边三角形，你能增加 1 根火柴，移动 2 根火柴，把右图变成 8 个等边三角形吗？

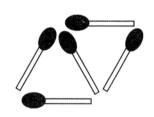

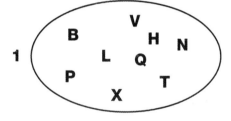

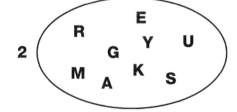

第 26 题

请从上下两组图中，分别选出与其它字母特征差别最大的字母。

第 27 题

图中问号处应填入哪个数字？

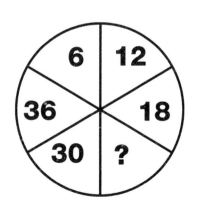

第 28 题

请在第三个三角形的问号处，填入合适的字母。

第 29 题

请在第三颗五角星中，填入合适的数字。

  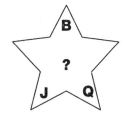

第 30 题

请在空白处填入合适的字母。

B	A
C	E
D	F
G	H
J	I
O	

第 31 题

如果两个油漆匠能在两小时内刷完两个房间，那么在 6 小时内要刷完 18 个房间需要几个油漆匠？

第 *32* 题

请在空白处填入合适的字母。

第 *33* 题

请在图中心处，填出能将所有数字链接起来的最合适的数字。

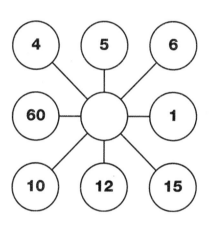

第 *34* 题

请按照逻辑顺序，完成本题。

第 *35* 题

请在图中问号处填入合适的数字。

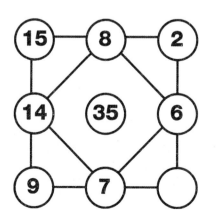

第 36 题

请在空白圆圈中填入合适的数字。

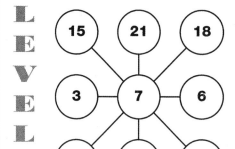

第 37 题

请按照顺序，填出图中所缺数字。

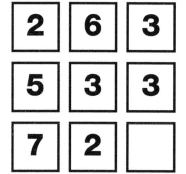

3

第 39 题

请按照顺序，在空白处填入合适的字母。

第 38 题

请在图中填出合适的数字。

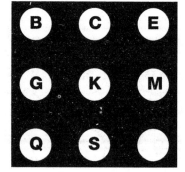

第 40 题

请填出图中所缺扑克牌。

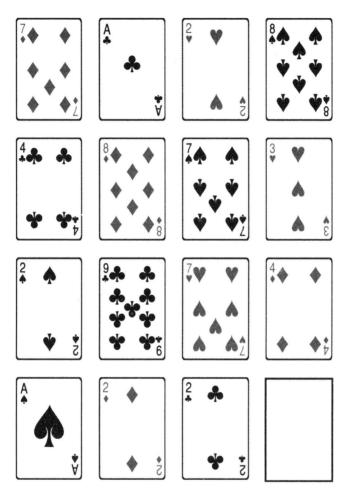

第 41 题

请在最后一颗五角星中，填入合适的字母或数字。

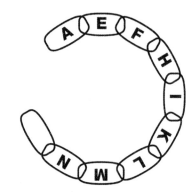

第 *42* 题

请填出所缺字母，完成链条。

第 *43* 题

请填出图中所缺数字。

第 *44* 题

请在空白处填入合适的数字。

第 *45* 题

请按照顺序，在空白处填入合适的字母。

第 *46* 题

请在最后一个三角形的问号处，填入合适的数字。

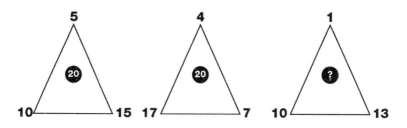

第 *47* 题

请填出链条中所缺数字。

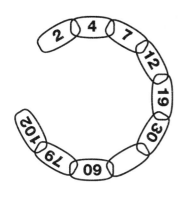

第 *48* 题

请在圆轮中，填入所缺字母。

第 *49* 题

请在最后一个圆圈的空白处填入合适的数字。

第50题

请在最后一个圆中填入合适的数字。

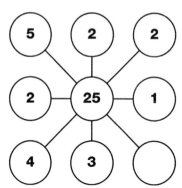

B	A

2	8

J	N

2	3

Q	K

3	

第51题

请按照逻辑顺序，在空白处填入合适的字母或数字。

第52题

请在图中空白处填入合适的字母。

第53题

请在空格中填入合适的数字。

5	8	12
7	12	18
3	4	

第 *54* 题

请选出数列中不合适的数字。

1–2–3–6–7–8–14–15–30

第 *55* 题

请在下面两个椭圆中，分别选出一个与其它数字特征差别最大的数字。

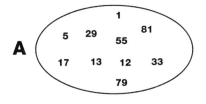

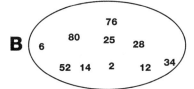

第 *56* 题

请填出图中空白处的数字。

第 *57* 题

请在最后一个圆中，填入合适的数字。

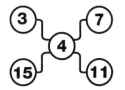

L E V E L

第 *58* 题

请按照顺序，在空白处填入合适的字母。

M	F	G
P	L	D
W	R	

第 *59* 题

请在图中空白处填入合适的字母。

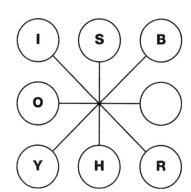

第 *60* 题

雅各布 12 岁，是他弟弟年龄的 3 倍，当他弟弟的年龄比现在大一倍的时候，雅各布多少岁？

3

第 *61* 题

请在圆轮中的空白处，填入合适的数字。

第 *62* 题

请在空白正方形中填入合适的数字。

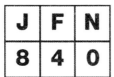

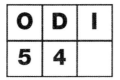

第 *63* 题

请在图中空白处填入合适的数字。

第 *64* 题

请在空白处填入合适的字母。

第 *1* 题

请按照顺序，为图中空白处选出最合适的选项。

A	B	C	D	E	F

第 *2* 题

请按照顺序，在图中空白处填入合适的数字。

3	7	10
4	11	15
6	4	

第 *3* 题

请在图中空白处填入合适的数字。

G	M
2	0

N	T
3	4

U	B
2	

请跟据排列形态，在空白处画出合适的图形。

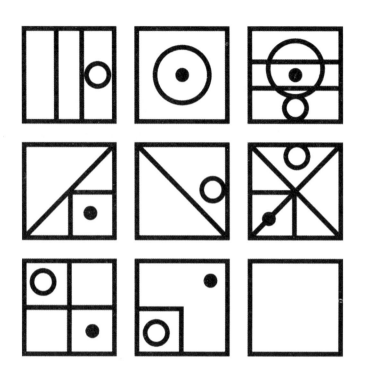

第5题

请在最后一个圆圈中填入合适的数字。

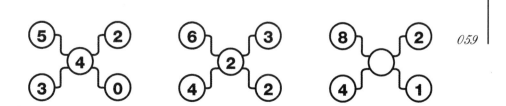

059

L E V E L

第6题

请按照顺序，在空白处填入合适的字母。

S	Z	F
K	T	K
B	R	

第7题

如果打算将一条裙子以八折的价格出售，那么需要提高多少的价格才能保证按照原价出售？

第8题

请在下面数列的空白处填入合适的数字。

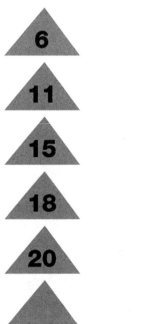

第9题

请在图中空白处填出合适的字母或数字。

J	Q
1	0
P	K
1	6
T	G

第 *10* 题

请选出空白圆圈中所缺的数字。

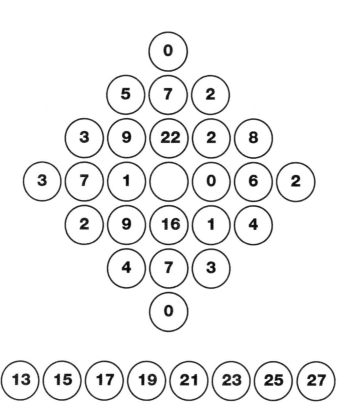

第 *11* 题

请在第三个三角形中的问号处，填入合适的字母。

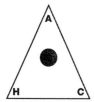
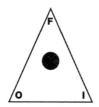
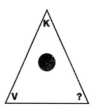

LEVEL

4

第12题

请在下面空格中，填入合适的数字。

4	15	6
7	27	11

6	33	16
3	12	

第13题

请按照逻辑顺序，在图中空白处填入合适的字母。

H	X	O
Q	A	J

Z	R	K
F	N	U

S	G	D
A	M	

第14题

请在图中空白处填入合适的数字。

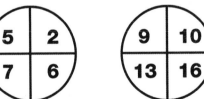

第 *15* 题

请在第三个圆轮中填入合适的字母。

 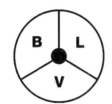 

第 *16* 题

请在空白处填入合适的数字。

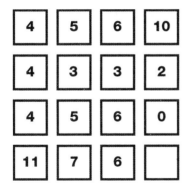

第 *17* 题

乔治有一块方形的土地，他的房子占据了图中所示的 1/4 的土地，他想把其它土地分成相等的四份，形状也相同。事实上按照最实际的方式来分也是很难的，但是你能计算出乔治是怎么做到的吗？

第 *18* 题

请按照顺序，在图中空白处填入合适的字母。

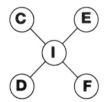 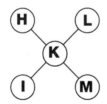 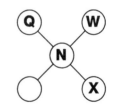

L
E
V
E
L

第 *19* 题

请填出最后一个三角形中问号处的所缺数字。

24 ... 17 ... 35

58 ... 62 ... 16

18 ... 21 ... ?

第 *20* 题

请在图中问号处填入合适的数字。

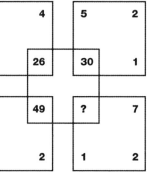

第 *21* 题

请在图中空白处填入合适的扑克牌。

第 *22* 题

请在第三个三角形的问号处填入合适的字母。

4

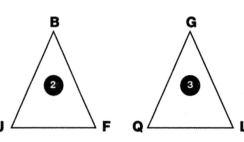

B ... 2 ... J ... F

G ... 3 ... Q ... L

K ... 4 ... W ... ?

第 23 题

如果修六辆汽车需要两个技工花三个小时的时间，那么在五个小时内，修二十二辆车需要几个技工。

第 24 题

请问最少移动几根火柴才能让鱼以相反的方向游泳。

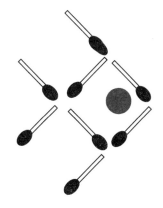

11

12

14

18

26

第 25 题

请在图中的空白三角形内填入最合适的数字。

第 26 题

请在图中空白处填入合适的数字。

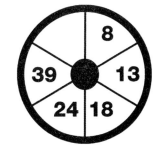

第 27 题

请在图中空白处填入所缺数字。

3	4	7	2	9	3
2	2	1	9	1	6
5	6	9	2	0	9

1	7	8	6	3	2
4	3	2	8	1	1
6	1	1	4	4	

第 28 题

请只移动四根火柴，变成三个等边三角形。

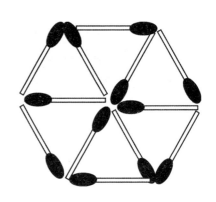

第 29 题

请填出网状图形中所缺字母。

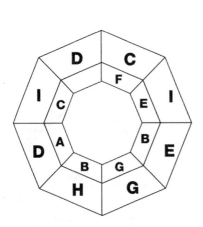

第 30 题

请在下面两个椭圆中，分别选出一个与其它字母特征差别最大的。

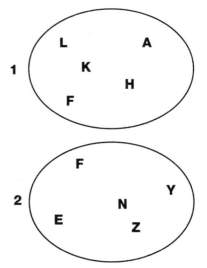

第 31 题

请填出网状图形中所缺的字母。

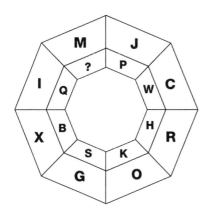

第 32 题

请在图中问号处问号处填入合适的数字。

第 33 题

请在图中问号处填入合适的字母。

第 34 题

按照逻辑规律，请填出图中问号处所缺数字。

LEVEL

第 35 题

请从六个备选项中，选出与图中问号处最匹配的图形。

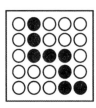
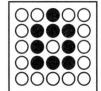
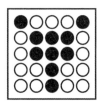
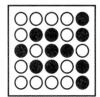
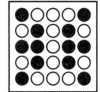

A　**B**　**C**　**D**　**E**　**F**

第 36 题

图中最后一块表应该是什么时间？

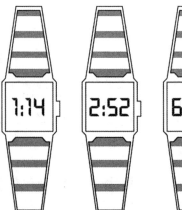

第 37 题

图中空白圆圈处应该是什么数字？

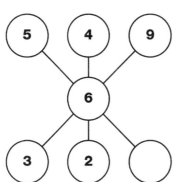

第 38 题

请在图中问号处填入合适的字母。

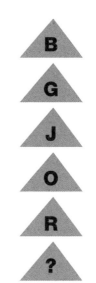

第 39 题

请在图中空白区域填出所缺字母。

第 40 题

请在图中问号处填出所缺字母。

第41题

按照逻辑规律，请填出图中问号处所缺字母。

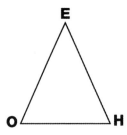 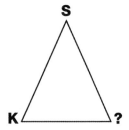

第42题

请在图中问号处填入三个合适的数字。

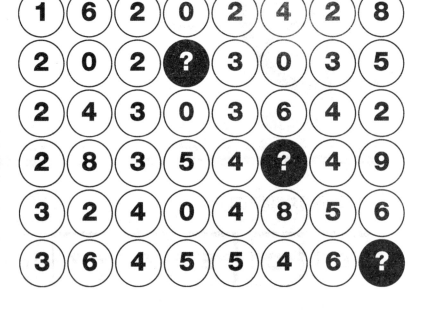

第 43 题

请在图中问号处填入合适的数字。

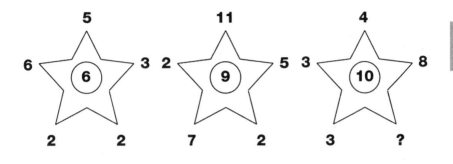

第 44 题

请在图中问号处填入合适的字母。

第 45 题

按照逻辑规律，请填出图中问号处所缺字母。

第 46 题

最后一个图形中问号处缺少的是哪个数字？

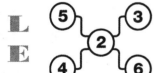
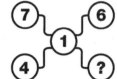

第 47 题

请在图中问号处填入合适的数字。

第 48 题

请在图中问号处填入合适的字母。

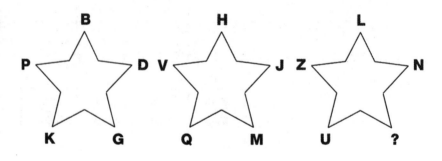

第49题

如右图所示，只移动三个硬币，使三角形向上。

H O

第50题

请在左图问号处填入合适的字母。

第51题

图中问号处应该是哪个数字？

第52题

请从上下两组图中，分别选出与其它数字特征差别最大的数字。

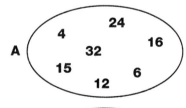

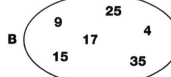

LEVEL

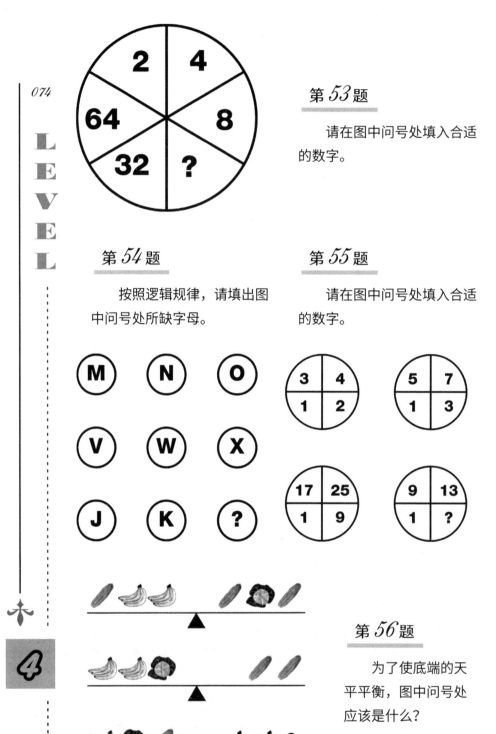

请在图中问号处填入合适的数字。

按照逻辑规律，请填出图中问号处所缺字母。

请在图中问号处填入合适的数字。

为了使底端的天平平衡，图中问号处应该是什么？

4

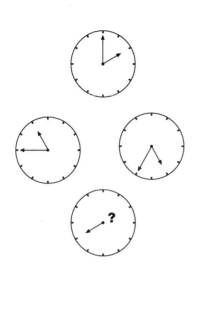

第57题

图中分针应该指在哪儿？

第58题

请在图中问号处填入合适的字母。

G	E	H	M
D	L	K	P
Q	I	F	?
28	26	25	30

第59题

请从五个选项中，选出合适的一项。

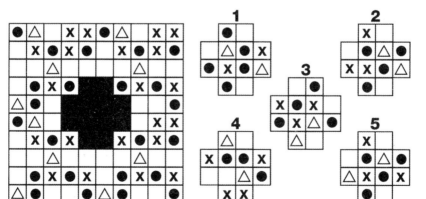

第1题

请在图中问号处填入合适的数字。

第2题

图中问号处应该是哪个字母？

第3题

按照逻辑规律，请填出图中问号处所缺数字。

第4题

请在图中问号处填入合适的字母。

5

第5题

图中空白处应该是哪张牌？

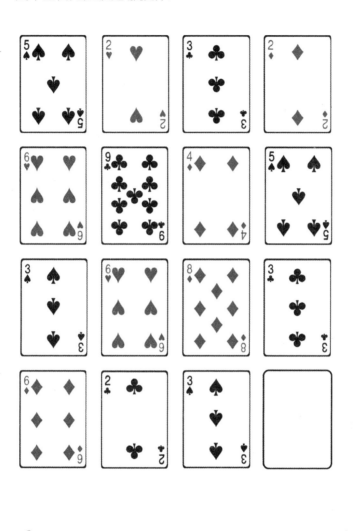

第6题

最后一个图形中缺少哪个数字？

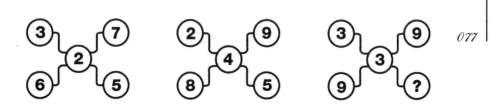

LEVEL

5

第7题

请在图中问号处填入合适的数字。

第8题

请在图中问号处填入合适的字母。

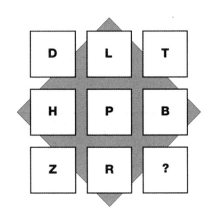

第9题

图中空格内应该是哪个表？

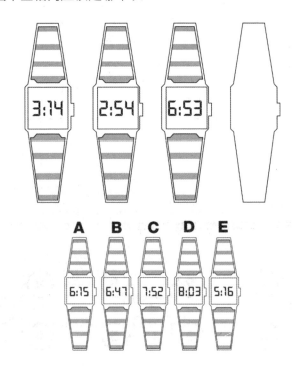

第 *10* 题

图中空格内缺少哪个数字？

第 *11* 题

图中问号处应该是哪个图形？

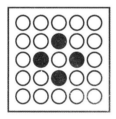  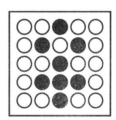

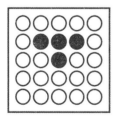 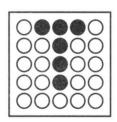 

A　**B**　**C**　**D**　**E**　**F**

第 *12* 题

图中问号处应该是哪个数字？

25
15
9   49

4
18
36   100

64
?
16   121

第 *13* 题

按照逻辑规律，请在图中问号处填入合适数字。

| 24 | 35 | 48 | 63 | ? |

第 *14* 题

请从上下两组图中，分别选出与其它数字特征差别最大的数字。

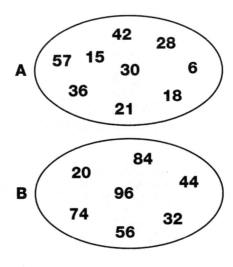

A
42 28
57 15
30 6
36
18
21

B
84
20
44
96
74
32
56

请在图中问号处填入合适的数字。

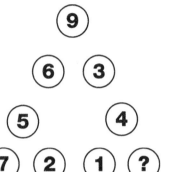

第*16*题

请在图中问号处填入合适的数字。

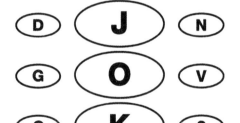

第*17*题

按照逻辑规律，请填出图中问号处所缺字母。

第*18*题

请在图中问号处填入合适的字母。

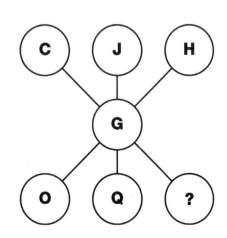

LEVEL

第19题

请在图中问号处填入合适的数字。

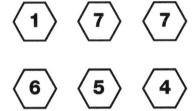

4		8	8		5
3	5		6	5	
6	7		8	12	
8		7	8		?

第20题

按照逻辑规律，请填出图中问号处所缺字母。

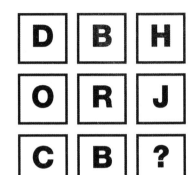

D B H

O R J

C B ?

第21题

请在图中问号处填入合适的数字。

1 7 7

6 5 4

8 3 ?

第22题

请在图中问号处填入合适的数字。

15 22 29 36 ?

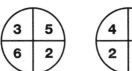

第23题

请在图中问号处填入合适的数字。

第24题

为了使底端的天平平衡，图中问号处应该是什么？

第25题

图中空白处应该是哪张扑克牌？

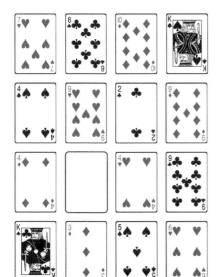

第26题

图中空白处缺少的是哪三个数字？

083

第27题

图中问号处应该是哪个图形?

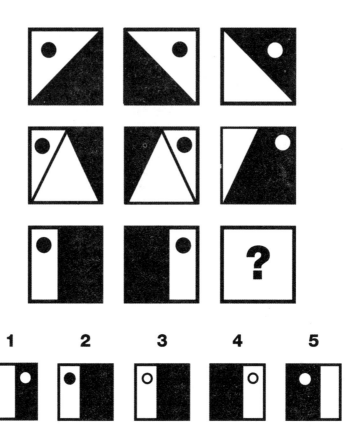

第28题

按照逻辑规律，请填出图中所缺字母。

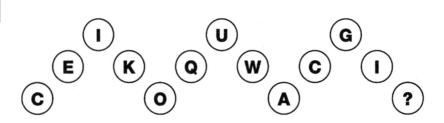

第 *29* 题

吉尔的小狗长得很快，在刚开始的五天里，吃掉了一百块狗饼干，如果每一天都比前一天多吃六块，请问第一天吃了几块？

第 *30* 题

请按照顺序，填出数列中所缺的两个数字。

1–10–3–9–5–8–7–7–9–6– ？ – ？

第 *31* 题

请根据前三个数字的变化规律，在图中空白处填出合适的数字。

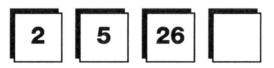

第 *32* 题

请在最后一个三角形中的问号处，填入合适的字母。

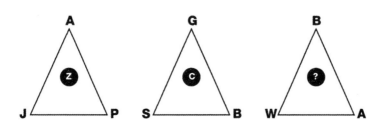

第33题

请在图中空白处填入合适的数字。

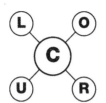

| 6 | 10 | 18 | 34 | |

第34题

请填出最后一个圆圈中的合适字母。

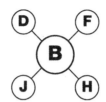

第35题

请在图中空白处填入合适的数字。

第36题

请在图中空白处填入合适的字母。

1	1
2	1
3	2
5	3
8	5
	8

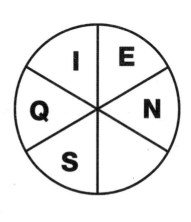

5

第 37 题

请在空白的链接中填入合适的数字链条。

第 38 题

请在图中问号处填入合适的数字。

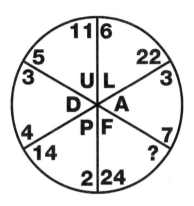

第 39 题

请在图中空白处填入合适的字母。

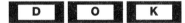

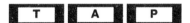

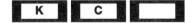

第 40 题

亚历克斯带着他的狗吉祥穿越沙漠，第一天他喝掉了一整瓶水的 1/3，然后给吉祥喝了剩下的一半；第二天，亚历克斯喝掉了前一天剩下水的 1/4，请问他给吉祥留下了整瓶水的多少？

第 41 题

请在图中空白处填入合适的数字。

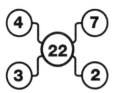

第 42 题

请在空白圆圈中填入合适的数字。

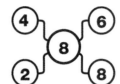

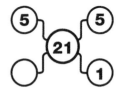

第 43 题

这里有一系列通过传送带连接起来的齿轮，如果左边顶端的齿轮是按照顺时针顺序转动的，那么所有的齿轮都能很自如地转动吗？

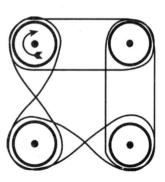

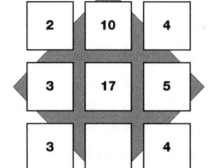

第 44 题

请在图中空白处填入合适的数字。

第45题

请在图中空白处填入合适的数字。

第46题

请在下面五个选项中，选出图中空白处合适的图片。

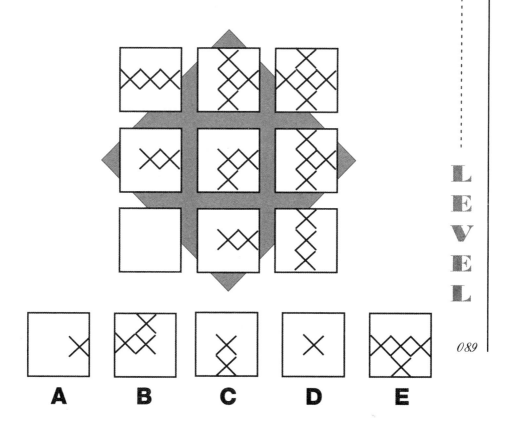

第 47 题

请按照顺序，在下列五块手表中选出时间合适的一块。

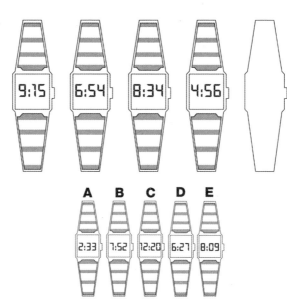

第 48 题

请在最后一个圆圈中的空白处填入合适的数字。

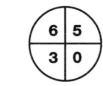

第 49 题

请在图中空白处填入合适的数字。

请在下面五个选项中，选出图中空白处合适的图片。

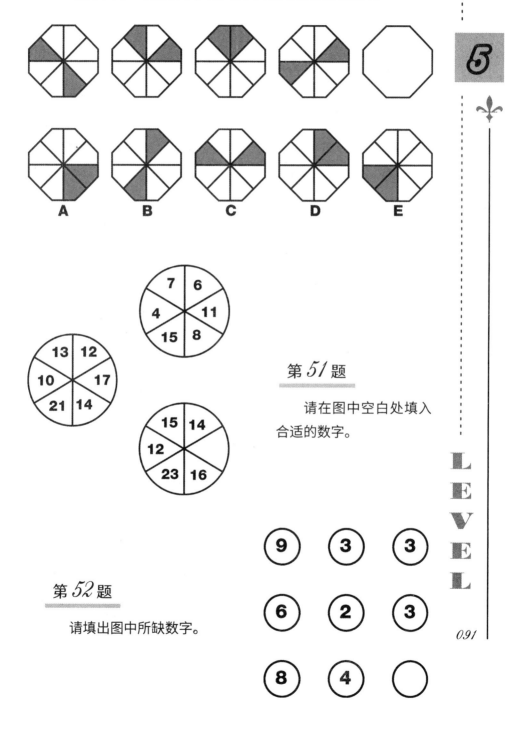

A B C D E

第 *51* 题

请在图中空白处填入合适的数字。

第 *52* 题

请填出图中所缺数字。

第53题

请在空白方框中，画出合适的图形。

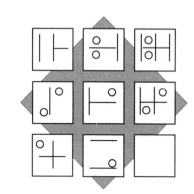

第55题

请在图中空白处填入所缺数字。

第54题

请按照顺序，在图中空白处填入合适的数字。

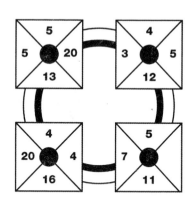

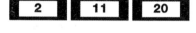

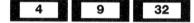

第56题

请在图中空白处填入合适的字母。

第 *57* 题

请按照顺序，在图中空白处填入合适的字母。

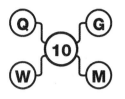 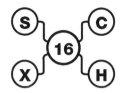 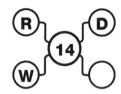

第 *58* 题

请在图中空白处填入合适的数字。

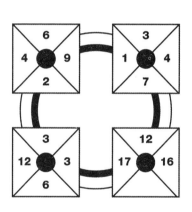

第 *59* 题

请在空白圆圈中填入合适的数字。

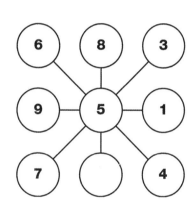

第 *60* 题

请将中间的五角星填写完整。

L E V E L

第 *1* 题

请在空白处填入合适的数字。

```
 11    2    18

  5    2    ( )

 12    5    14
```

第 *2* 题

请在空白处填入合适的字母。

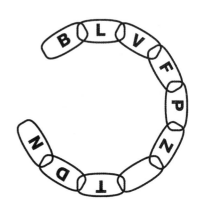

第 *3* 题

请填出图中所缺的数字。

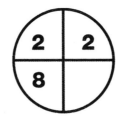

（6 1 5 11）

第4题

请在图中空白处填入合适的数字。

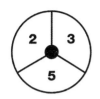

第5题

现在这里有十二根火柴组成了四个相等的区域，请你重新排列这些火柴以组成六个相同的区域。不可增加、减少或折断任何一根火柴。

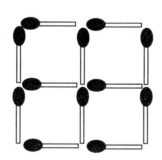

第6题

请在图中空白处填入合适的字母。

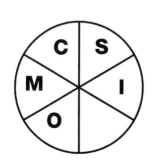

第7题

请在图中空白处填入合适的数字。

第 8 题

请填出图中所缺数字。

第 9 题

请在圆轮空缺处填入合适的数字。

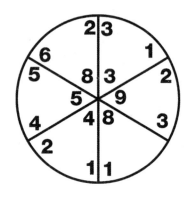

第 10 题

请将 1 到 8 中任意数字填入下列格子中，但是保证在邻近的格子里没有连续的数字。

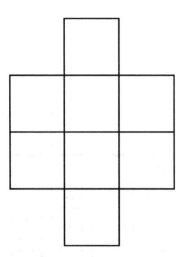

第 11 题

数请按照顺序，在图中空白处填入合适的字母。

第12题

请在空白正方形中，填入合适的字母。

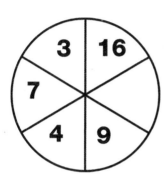

第13题

请在圆轮中，填入所缺数字。

第14题

请在图中空白处填入正确的数字。

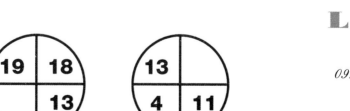

第15题

请在第三个圆中的空白处填入所需的数字。

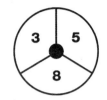

第16题

请在下面两个椭圆中，分别选出一个与其它数字特征差别最大的数字。

第17题

请在最后一个空白椭圆中，填入合适的数字。

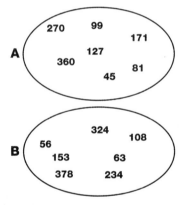

第18题

请在最后一个三角形中的问号处，填入合适的数字。

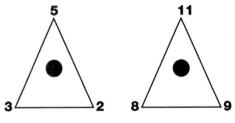
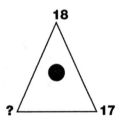

第 *19* 题

请在图中空白处填入合适的字母。

D	L	S
Y	D	

第 *20* 题

请填出图中所缺数字。

1	3

3	4

4	7

7	11

11	18

18	

第 *21* 题

请在图中空白处填入所缺数字或字母。

第 *22* 题

请在图中空白处填入所缺数字。

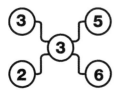  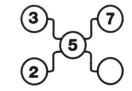

第 23 题

请填出最后一个椭圆中所缺数字。

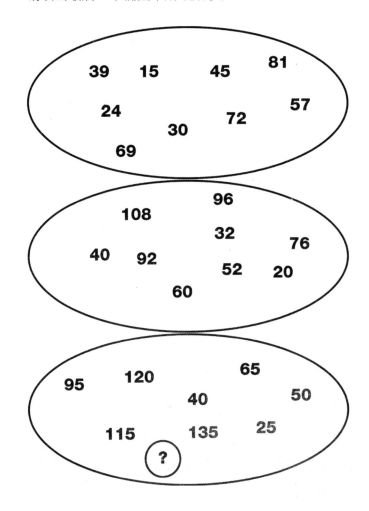

第 24 题

请填出图中所缺的字母。

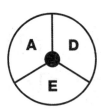

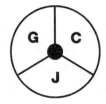

6

第 25 题

请在圆圈的空缺处，填入所缺字母。

第 26 题

请在空白圆圈中填入所缺字母。

第 27 题

请在圆轮中，填入所缺数字。

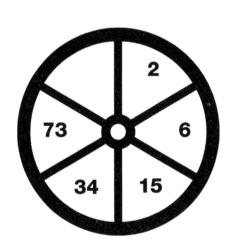

第 28 题

请填入图中所缺数字。

第 *29* 题

请在下面五个选项中，选出合适的一个填入中间的空格中。

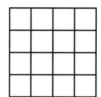

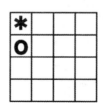
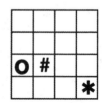

A
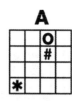
B

C

D

E

F

第 30 题

图中问号处应该填入哪个图形？

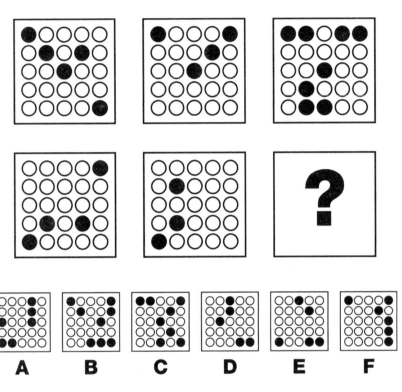

A   **B**   **C**   **D**   **E**   **F**

第 31 题

请在图中问号处填入合适的数字。

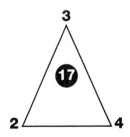

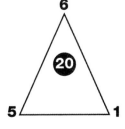

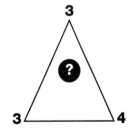

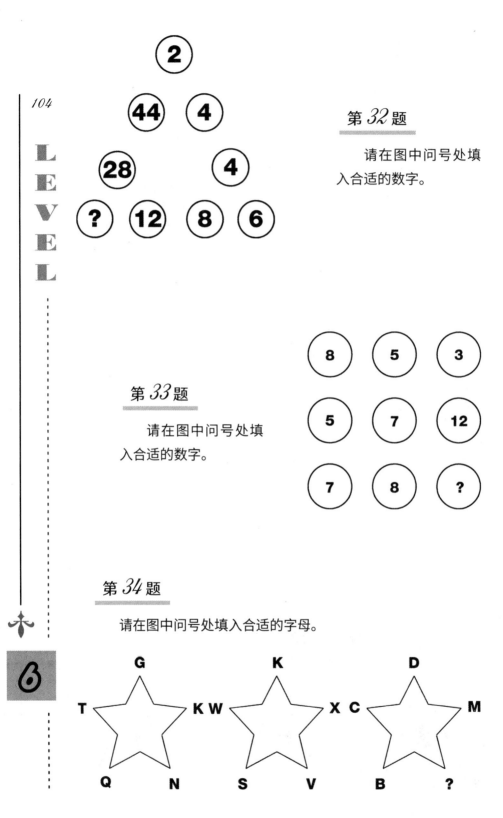

L
E
V
E
L

2

44　4

28　　4

?　12　8　6

第 32 题

请在图中问号处填入合适的数字。

8　5　3

5　7　12

7　8　?

第 33 题

请在图中问号处填入合适的数字。

第 34 题

请在图中问号处填入合适的字母。

G　　　　K　　　　D

T　　　KW　　　XC　　　M

Q　　N　　S　　V　　B　　?

6

第 *35* 题

按照逻辑规律，请填出图中问号处所缺数字。

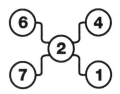  

第 *36* 题

请在图中问号处填入合适的数字。

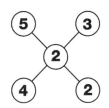 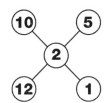 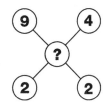

第 *37* 题

请在图中问号处填入合适的数字。

第 *38* 题

请在图中问号处填入合适的字母。

105

第 *39* 题

请在图中问号处填入合适的数字。

 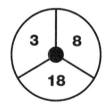 

第 *40* 题

图中最下面的三角形问号处缺少的是什么数字？

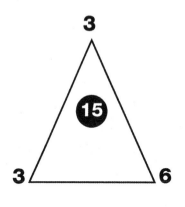 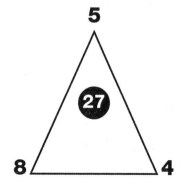

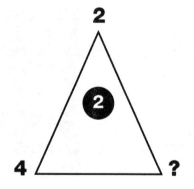

第 *41* 题

请在图中问号处填入合适的数字。

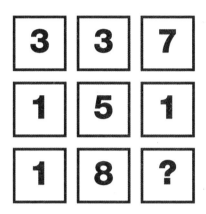

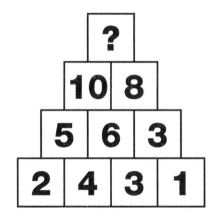

第 *44* 题

请在图中问号处填入合适的字母。

第 *42* 题

请在图中问号处填入合适的字母。

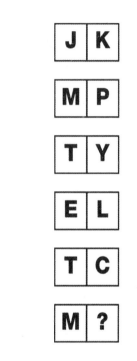

第 *43* 题

请填出金字塔顶所缺数字。

第45题

请填出三角形中所缺字母。

O

K　U

E　A

Y　S　M　?

第46题

按照逻辑规律，请填出图中问号处所需数字。

第47题

按照逻辑规律，请填出图中问号处所需数字。

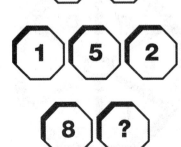

第48题

请在图中问号处填入合适的字母。

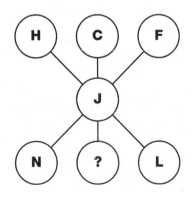

第49题

请在图中问号处填入合适的字母。

R

W

C

J

?

第50题

请在图中问号处填入合适的字母。

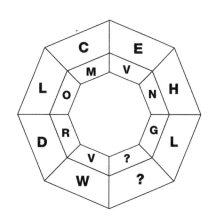

第51题

请填出金字塔中所缺字母。

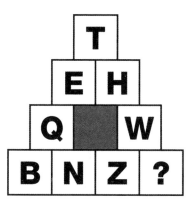

第52题

如下图所示，请只移动四根火柴，使之变成三个等边三角形。

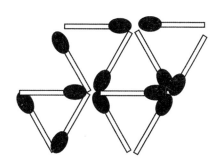

L
E
V
E
L

第53题

请从上下两组图形中，分别选出一个与其它字母特征差别最大的字母。

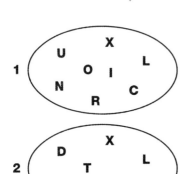

第54题

图中分针应该指在哪里？

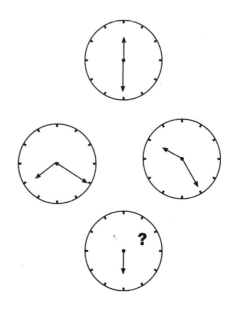

第55题

按照逻辑规律，请填出图中问号处所缺数字。

第56题

请在图中空白区域，填出所缺字母。

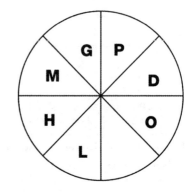

请在图中问号处填出所缺数字。

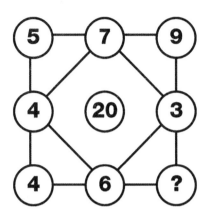

按照逻辑规律，请在图中问号处填出所缺数字。

为了使第三个天平保持平衡，图中问号处应该是什么？

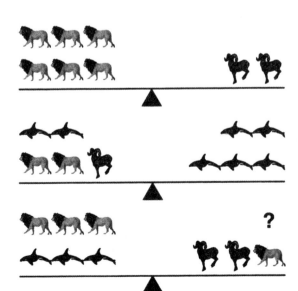

第1题

请在图中问号处填入合适的字母。

G	N	Q
	C	
D	K	?

第2题

请在图中问号处填入合适的字母。

N

V Z

D   R

L T B ?

第3题

请从下排五个备选项中，选出一个合适的图形填入上排问号处。

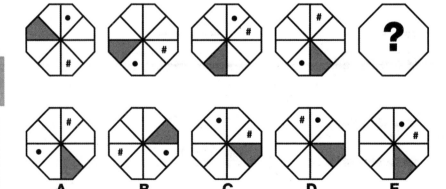

第4题

请在第三个三角形中填入所缺数字。

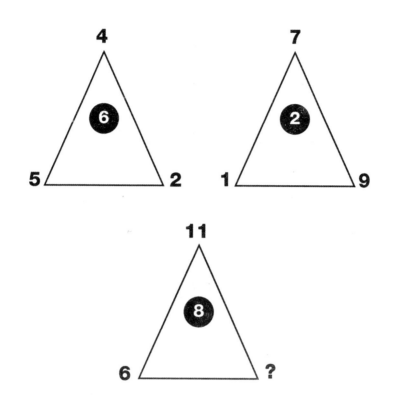

第5题

请在最后一颗五角星中填入所缺数字。

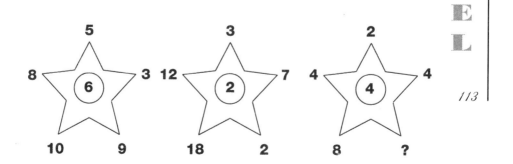

第 6 题

请从图下方一排字母中，选出一个填入问号处。

O

Y Q I

P B T L Y

N S F X P A H

W H Z R D

K C U

?

P G R I T K V M

第 7 题

按照逻辑规律，请填出图中问号处所缺字母。

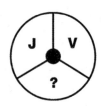

第 8 题

请在图中问号处填入合适的数字。

第 9 题

图中分针应该指在哪里？

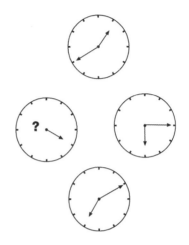

第 10 题

图中问号处应该是什么？（提示：换一种思维方式，这里要用到一种新的解题方法。）

第 11 题

请在图中问号处填入合适的数字。

5	7
7	10
11	16
19	28
35	52
67	?

L
E
V
E
L

7

第12题

请在图中问号处填入合适的数字。

9
2
4　　13

3
8
9　　7

6
6
5　　?

第13题

请在图中问号处填入合适的数字。

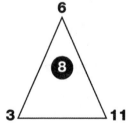

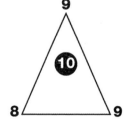

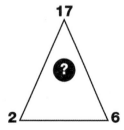

第 *14* 题

请在图中问号处填入合适的数字。

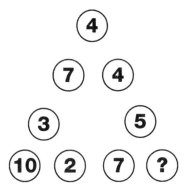

第 *15* 题

请在图中问号处填入合适的字母。

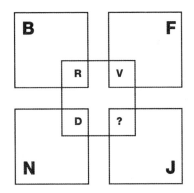

第 *16* 题

按照逻辑规律，请填出图中问号处所缺数字。

92
74
46
22
?

第 *17* 题

请在图中问号处填入合适的字母。

第18题

图中右下方问号处应该是哪个数字?

第19题

请在图中问号处填入合适的字母。

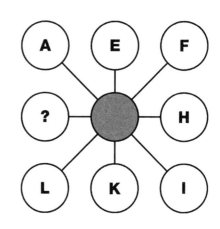

第20题

按照逻辑规律,请在图中问号处填入合适的数字。

第21题

请移动三根火柴,使之变成三个正方形。

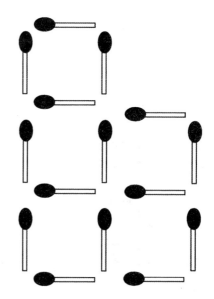

第22题

请在图中问号处填出所缺内容。

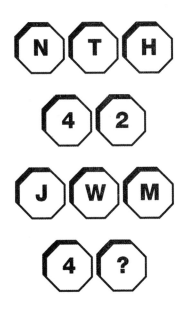

第23题

请在图中问号处填入合适的字母。

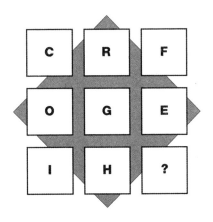

第24题

请在图中问号处填入合适的数字。

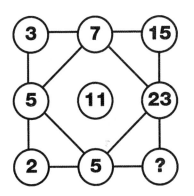

第25题

你能只用10条直线把这幅图画出来吗？画的过程中笔不能离开纸，而且也不能重复画一条线。

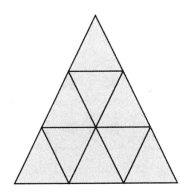

请在图中问号处填入合适内容，完成本题。

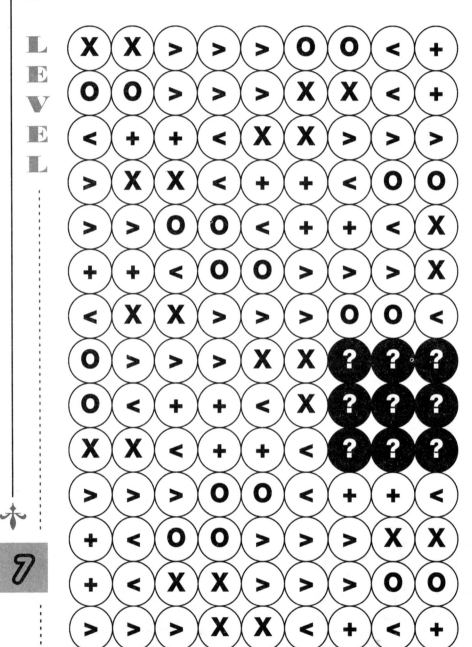

第 27 题

请在最后的圆轮中，填入所需数字。

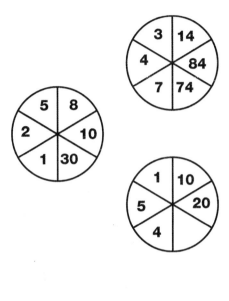

第 28 题

请按照顺序填入所缺数字。

第 29 题

请在空白链接处所缺字母。

第 30 题

请填出图中问号处填入所需数字。

2	6	8	4
5	2	6	7
9	14	?	11
8	14	8	6

第 *31* 题

请在下面六张多米诺骨牌中，选出合适的一张填入第三行的空缺处。

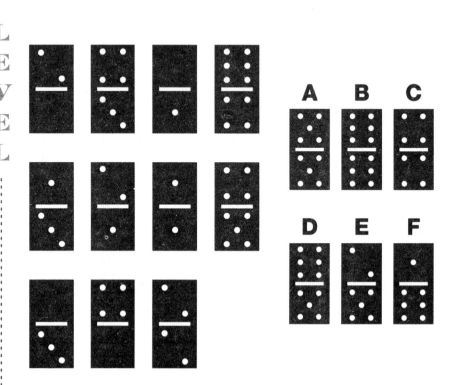

第 *32* 题

请在最后一个三角形的问号处填入所需字母。

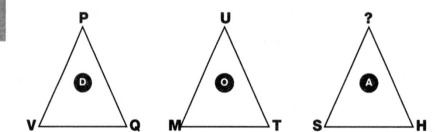

第 33 题

请在图中空白处填入合适的数字。

6	2	5
10	3	16
18	6	60
34	15	

第 34 题

请在图中空白圆圈处填入合适的数字。

7	13	9
8	5	3
4	8	

第 35 题

请在图中空白圆圈处填入所需数字。

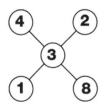 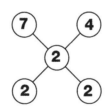 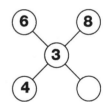

第 36 题

请填出图中空白圆圈处的数字。

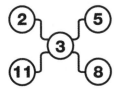  

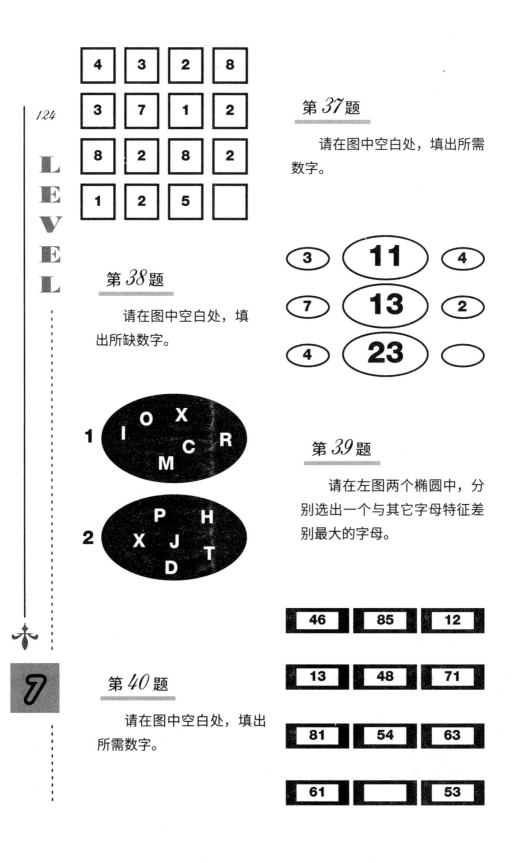

4	3	2	8
3	7	1	2
8	2	8	2
1	2	5	

第 37 题

请在图中空白处，填出所需数字。

3	11	4
7	13	2
4	23	

第 38 题

请在图中空白处，填出所缺数字。

1 I O X C R M

2 P H X J T D

第 39 题

请在左图两个椭圆中，分别选出一个与其它字母特征差别最大的字母。

第 40 题

请在图中空白处，填出所需数字。

46	85	12
13	48	71
81	54	63
61		53

7

第 *41* 题

请填出符合排列顺序的扑克牌。

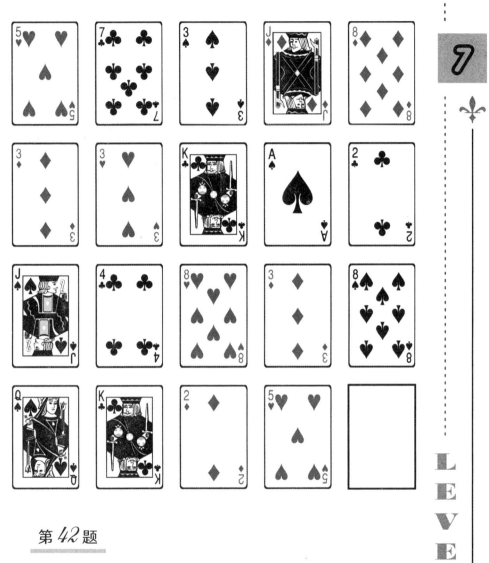

第 *42* 题

请在图中空白处填出所需数字。

 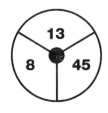 

LEVEL

第43题

请在下图中填出符合顺序的数字。

第44题

请在图中空白圆圈处，填入合适的字母。

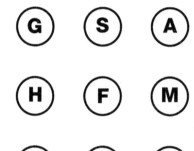

第45题

请在图中空白圆圈处，填入合适的字母。

7

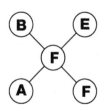
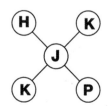
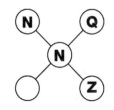

第 *46* 题

请在图中空白处，填入正确的字母。

H	C	N
26	15	20
R	L	

第 *47* 题

请在图中空白处，填出所需数字。

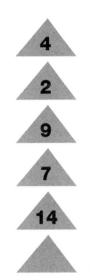

第 *48* 题

请填出空白圆圈处的字母。

第 *49* 题

请在图中空白处，填入所需数字。

5	2	3
12	6	6

4	2	3
8	8	13

6	5	11
18	6	

第 *50* 题

请填出图中空白处所需数字。

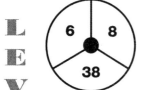  

第 *51* 题

请填出图中空白处符合顺序的字母。

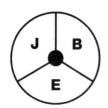 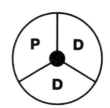 

第 *52* 题

请在图中空白处填入所需数字。

第 *53* 题

请在空白圆圈中填入合适的数字。

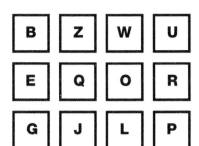

请按照顺序，在图中空白处填入合适的字母。

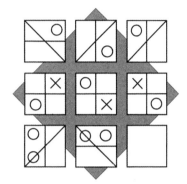

第55题

你能完成右图的排列吗？

第56题

请填出左图中空白处所需字母或数字。

第57题

请在空白圆圈中，填出所缺字母。

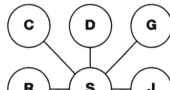

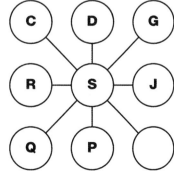

129

L
E
V
E
L

第1题

请在空格中，填入合适的数字。

5	6	8
12	20	36

4	5	7
11	19	35

3	4	6
10	18	

9	3	4	11
5	17	18	3
3	16	21	8
4	9	6	

第4题

请在空白圆圈中填入合适的字母。

第2题

请按照顺序在图中空白处填入所缺字母。

M	P	S

J	N	R

B	G	L

D	J	

第3题

请在左图空白处填入符合逻辑的数字。

5	4	S
4	2	Z
2	3	

第5题

请选出适合图中空格处的一组字母。

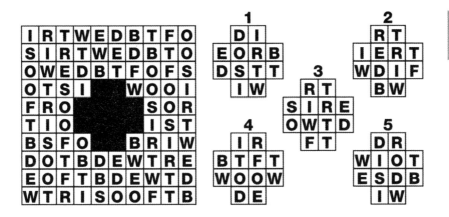

第6题

如果两个人背靠背站着，向相反的方向走出四米后再向左走三米，他们停下来时的距离是多少米？

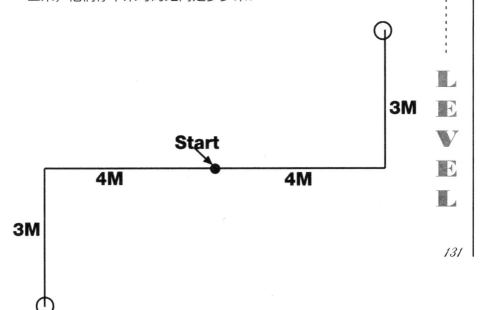

第 7 题

请选出在逻辑上符合图中空白方格的选项。

A  B  C

D  E 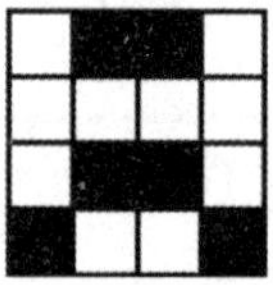 F

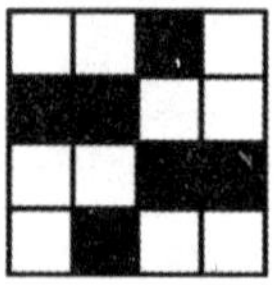

第 8 题

请填出图中空白处所缺数字。

1	3

2	4

2	6

3	5

4	12

4	

第 9 题

请在图中问号处填入合适的数字。

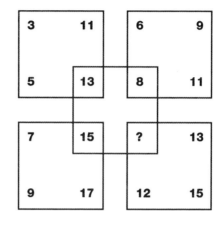

第 10 题

请在右图下面两个空格中，填入合适的数字或字母。

3	B

5	C

7	E

11	G

13	K

第 11 题

琼对什么都非常挑剔，尤其是数字。她喜欢 225，不喜欢 224；喜欢 900 而不是 800；特别爱 144，但讨厌 145。

根据以上信息，请你判断出她是喜欢 1600 还是 1700？

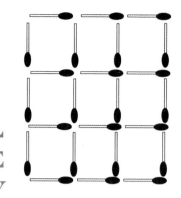

第12题

卢克想考一下他的姐姐露西，让她移动八根火柴，留下两个分离的正方形。你能猜出露西是怎么做到的吗？

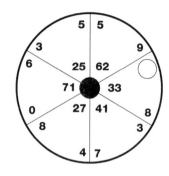

第13题

请填出右图中所缺数字。

第14题

请填出下图中符合顺序的数字。

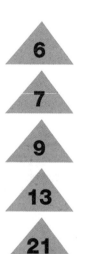

第15题

请在下图问号处，填入符合排列顺序的数字。

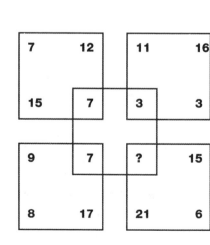

第16题

西蒙向詹森展示，他是怎样用九根火柴排成四个等边三角形的，然后詹森向西蒙展示他是如何用六根火柴组成四个等边三角形的，请问：他是怎么做到的？

第17题

请在图中空白处，填出所缺数字。

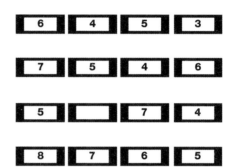

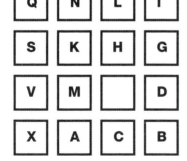

第18题

请按照顺序，填出图中空白处所缺字母。

第19题

请在图中空白处，填入正确的图形。

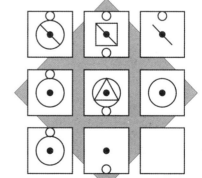

L
E
V
E
L

第 *20* 题

请写出最后一个三角形中间所缺的数字。

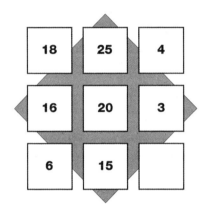

8
14
7   4

4
10
5   2

6
?
18   9

18	25	4
16	20	3
6	15	

第 *21* 题

请在图中空白处填入所缺数字。

9 3
5
4 7

2 1
8
8 6

第 *22* 题

请按照顺序，在图中空白处填入所缺数字。

4 7
7
3 2

9 5
1 6

8

第 *23* 题

请填出最后的数字。

0   3   8   15

第 *24* 题

请在下面四个选项中，选出一个与其它所含数字特征差别最大的选项。

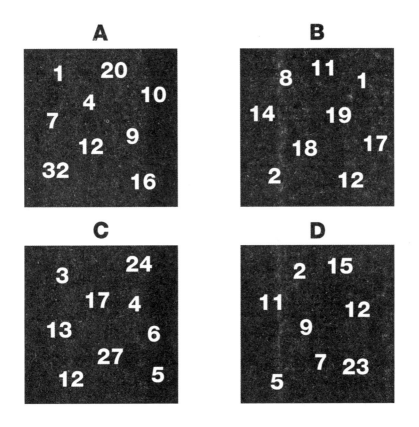

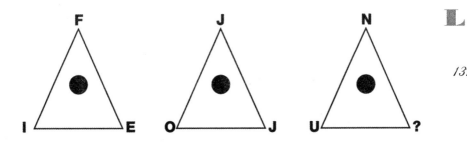

第 *25* 题

请填出图中问号处所缺字母。

第 26 题

请按照顺序，在图中空白处填入所缺字母。

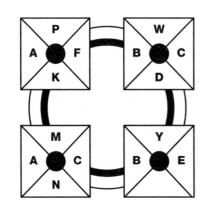

第 27 题

请在空格中填入所缺数字。

4	7
2	2
6	9
8	12
3	1
7	

第 28 题

请在图中空白圆圈处，填入所缺字母。

第 29 题

梅林达和她的父亲喜欢猜谜语，当梅林达的堂姐问她的年龄时，她说"将我的年龄乘以 2，再减去 1 就是我父亲的年龄，而当你把他的年龄数字颠倒的时候，你就知道了我的年龄。"

你能计算出他们的年龄吗？

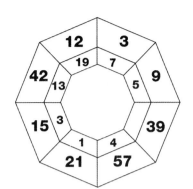

第 30 题

请在图中空白处填入合适的数字。

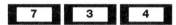

第 31 题

请在空格中填入合适的数字。

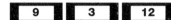

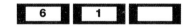

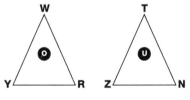

第 32 题

请填出左图三角形中所缺的字母。

第 33 题

请填出最后一行所缺的数字。

LEVEL

第 *34* 题

请在图中问号处填入合适的字母。

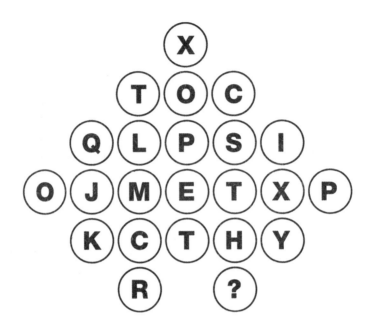

第 *35* 题

请在图中问号处填入合适的数字。

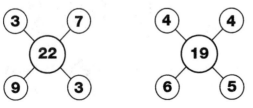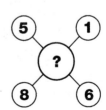

请在图中问号处填入合适的数字。

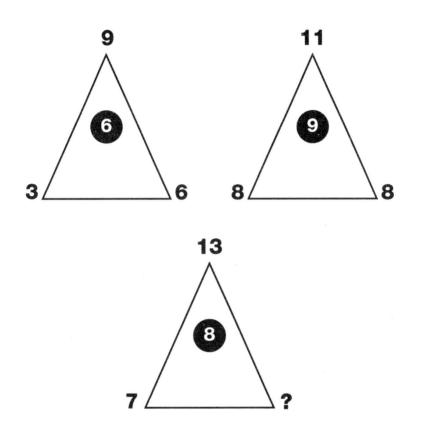

请在图中问号处填入合适的数字。

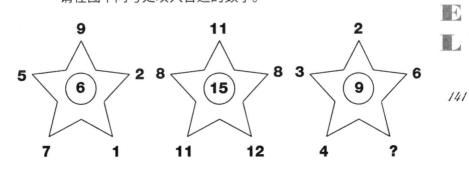

L E V E L

第38题

请在图中问号处填入合适的字母。

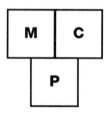

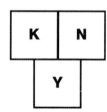

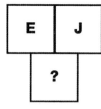

第39题

图中空白处应该是哪块手表？

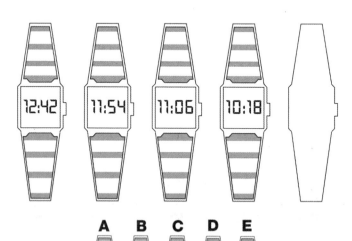

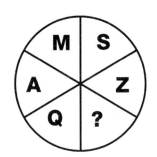

8

第 40 题

按照逻辑规律，请在图中问号处填入所缺字母。

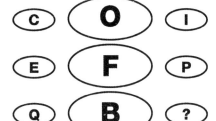

第 41 题

请在图中问号处填入合适的字母。

第 42 题

请在图中问号处填出所缺的两个字母。

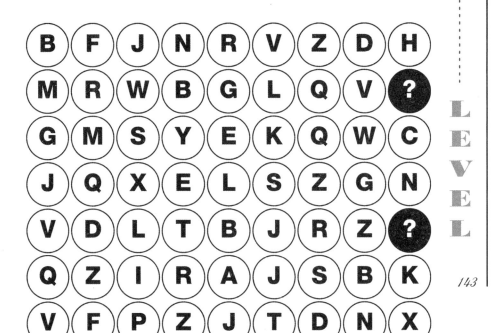

L
E
V
E
L

第43题

请在图中问号处填入合适的数字。

第44题

请在图中问号处填入合适的字母。

第45题

请从五个备选项中，选出一个合适的图形填入图中问号处。

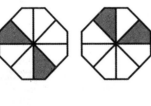

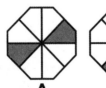

A **B** **C** **D** **E**

请在图中问号处填入合适的数字。

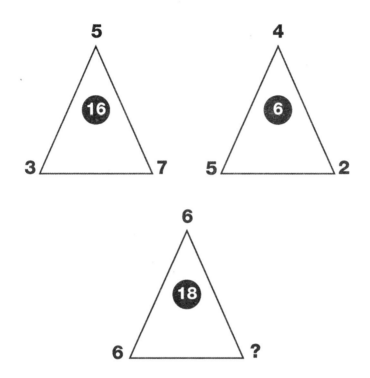

第 *47* 题

按照逻辑规律，请填出图中问号处所缺字母。

| C | M | W | G | ? |

第 *48* 题

请在图中问号处填入合适的字母。

145

第49题

请从五个备选数字中，选出合适的一个填入图中心的问号处。

```
                0

            7   4   1

          5   2   6   1   4

        2   1   1   ?   3   6   5

          9   3   10   5   3

            5   3   1

                0
```

```
    1   3   5   7   9
```

第50题

请移动两根火柴，使下图所示的等式计算成立。

第51题

请在图中问号处填入所缺字母。

A

D

I

P

?

第52题

请在圆轮问号处填入所缺数字。

第53题

请在图中问号处填入所缺数字。

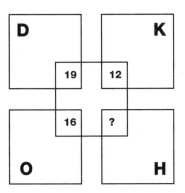

第54题

请在图中问号处填入合适的数字。

5	9
14	4
18	10
28	8
36	20
56	?

第55题

请在图中问号处填入合适的数字。

第56题

按照逻辑规律，请填出图中问号处所缺数字。

第57题

请在右下方的图形中填入所缺数字。

第58题

图中问号处所缺的时针应该指在哪里？

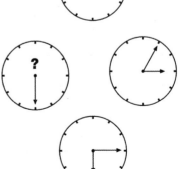

第 *1* 题

图中问号处缺少的是哪个数字?

第 *2* 题

图中问号处缺少的是哪个字母?

B   F   J   P   ?

第 *3* 题

请在图中问号处填入合适的数字。

第 *4* 题

请在图中问号处填入合适的字母。

第5题

请在图中问号处填入合适的数字。

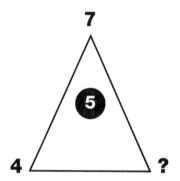

第6题

第三个五角星的顶部应该是哪个字母?

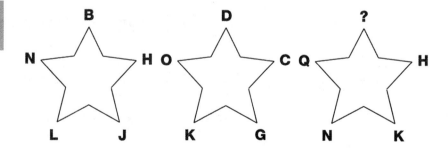

第7题

请在图中问号处填入合适的数字。

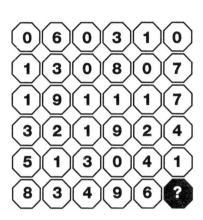

第8题

按照逻辑规律，请填出图中问号处所缺数字，完成本题。

| 6 |
| 9 |
| 15 |
| 27 |
| ? |

第9题

图中黑色区域应该填入哪个图形？

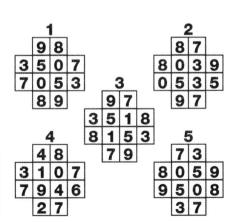

第 *10* 题

图中空白处应该是哪块手表?

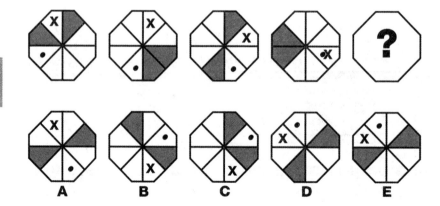

第 *11* 题

图中问号处应该是哪个图形?

第 *12* 题

按照逻辑规律，请填出图中问号处所需字母。

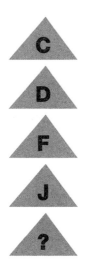

第 *13* 题

请在网状图形问号处填出所需数字。

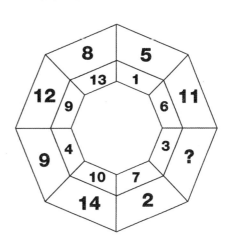

第 *14* 题

请在图中问号处填入合适的数字。

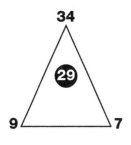
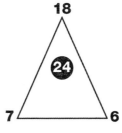
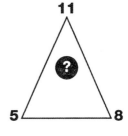

第*15*题

请在图中问号处填入所需内容。

（9）（3）（2）（4）（F）（4）（5）（2）（1）
（4）（9）（8）（4）（M）（6）（1）（0）（5）
（11）（2）（9）（8）（T）（2）（1）（4）（3）
（5）（7）（3）（5）（E）（6）（2）（4）（3）
（6）（4）（6）（5）（H）（2）（1）（3）（7）
（5）（7）（4）（8）（C）（8）（3）（6）（4）
（2）（6）（4）（8）（?）（3）（1）（2）（4）

第*16*题

请在图中问号处填入合适的数字。

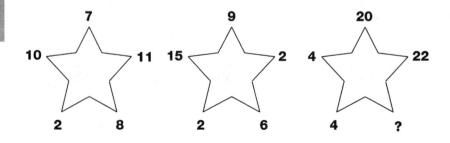

第 *17* 题

请在图中问号处填入合适的字母。

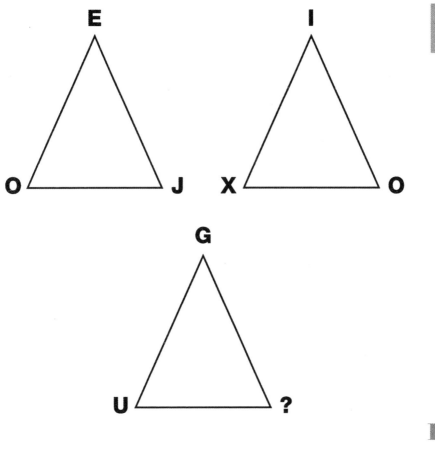

第 *18* 题

请在图中问号处填入合适的数字。

 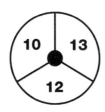 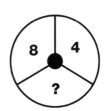

L E V E L

第19题

最后一个图形中的问号处应该是什么数字？

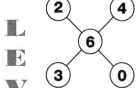

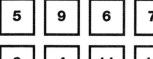

5	9	6	7
6	4	11	10
6	3	10	7
7	8	5	?

第20题

按照逻辑规律，请填出图中问号处所需数字。

9

第21题

请只移动4根火柴，使图形面积减少一半。

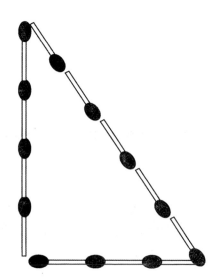

第 *22* 题

请在图中问号处填入合适的数字。

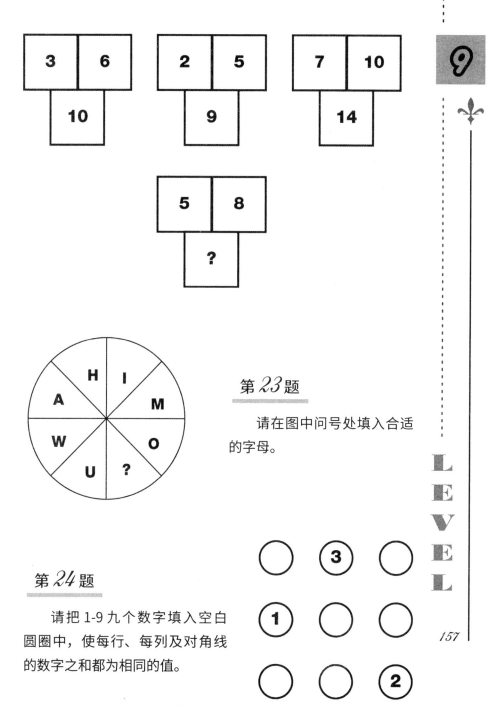

第 *23* 题

请在图中问号处填入合适的字母。

第 *24* 题

请把 1-9 九个数字填入空白圆圈中，使每行、每列及对角线的数字之和都为相同的值。

第 25 题

请填出最后那个五角星中间所缺的数字。

第 26 题

请按照顺序填出最后一个数字。

9–7–8–6–7–5–6–？

第 27 题

请填出图中空白区域所缺的字母。

第 28 题

请填出图中所缺数字。

第 29 题

请填出圆轮中所缺数字。

第 30 题

请填出第三颗五角星中所缺字母。

第 31 题

请填出最后一个三角形所缺的数字。

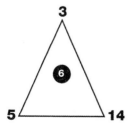 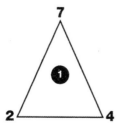 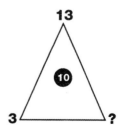

第 *32* 题

请选出中间圆圈所缺数字。

```
        6   4   2
      2   8   6   1   3
    9   3   4  ( )  6   6   1
      4   7   6   3   2
        2   1   1
```

(2) (3) (4) (5) (6) (7) (8) (9)

第 *33* 题

请填出图中空白处所缺数字。

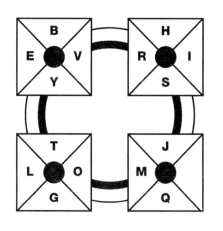

第34题

请按照顺序，填出图中空白区域所缺字母。

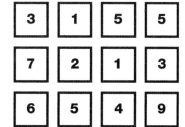

第35题

根据逻辑顺序，请在图中空白处填入合适的数字。

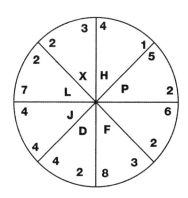

第36题

请填出圆轮中心所缺字母。

第37题

请填出空格中所缺字母。

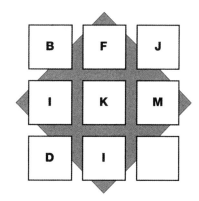

第 38 题

请填出图中心所缺字母。

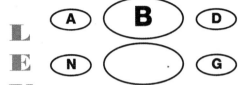

第 39 题

请填出圆轮中所缺数字。

第 40 题

请从四个备选项中，选出符合本题变化规律的图形。

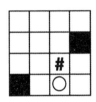 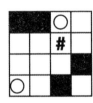 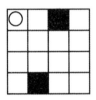

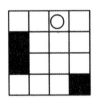

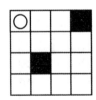 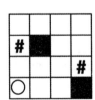

A   **B**   **C**   **D**

请按照顺序，填出符合本题的扑克牌。

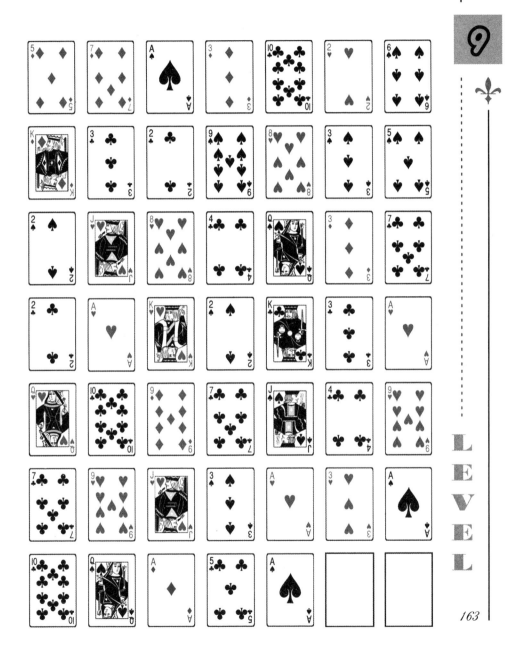

第42题

请从五个备选项中，选出符合本题变化规律的图形。

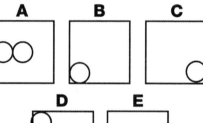

第43题

请填出图中空白圆圈处所缺数字。

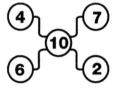  

第 *44* 题

请填出图中空白圆圈处所缺字母。

A　C　F

J　L　O

S　U　○

第 *45* 题

请填出图中问号处所缺的数字。

24	63	24	21	
@	@	@	!	33
!	Σ	!	Ω	?
Ω	Σ	Ω	Ω	33
!	!	!	@	27

第 *46* 题

请使用六根火柴，摆出三个同等大小的正方形。

第 *47* 题

请写出图中空白处所缺数字。

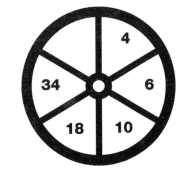

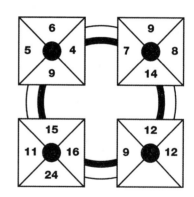

第48题

请写出图中空白处所缺数字。

第49题

贝基特有一大袋饼干，吃掉 1 块后，她把饼干分给了自己的朋友埃拉一半，然后她又吃了一块，再次给了切尔西一半，最后剩下了 5 块饼干。

请问最开始时她有几块饼干？

第50题

请填出最后一个五角星中所缺字母。

第51题

请在问号处填入合适的字母。

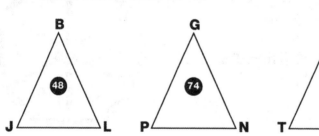

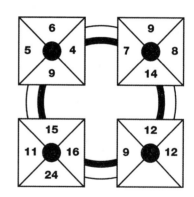

10

第 1 题

请在图中空白圆圈处，填入合适的字母。

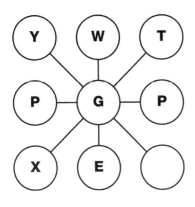

第 2 题

请在图中空白处，填入合适的字母。

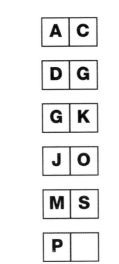

第 3 题

请填出图中空白区域的数字。

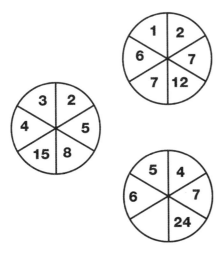

第 4 题

请按照顺序，填出图中最下面的数字。

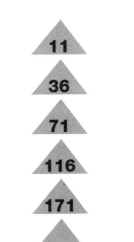

第5题

请填出下面圆中空白区域的字母。

7	3	5
12	8	10
11	7	9
16	12	

第6题

请在问号处填入合适的数字。

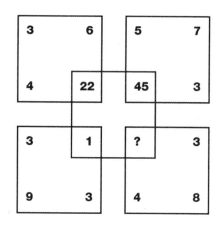

第7题

请在空白方格内填入合适的数字。

第8题

请在图中空白区域内填入合适的字母。

第 9 题

请在第三个圆中填入合适的字母。

  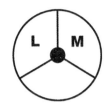

第 10 题

请在最后一个空白圆圈中填入所缺数字。

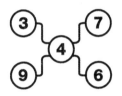  

第 11 题

请在问号处填入合适的数字。

第 12 题

请完成本题测试。

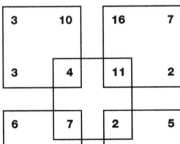

第13题

请按照规则，在下列六个备选项中，选出合适的图形。

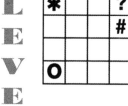
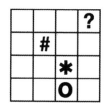
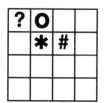
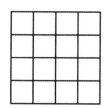

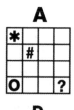

A **B** **C**

D **E** **F**

第 *14* 题

请在第三个圆中填入合适的字母。

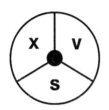  

第 *15* 题

请在最后一个图表中填入合适的数字。

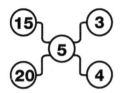 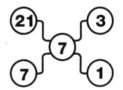 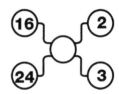

第 *16* 题

请在空白格子中入合适的数字。

第 *17* 题

请在图中空白填处填入合适的字母。

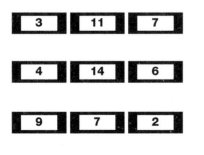

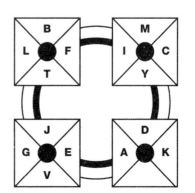

L E V E L

C	L
H	Q
F	O
K	T
I	R
N	

第 *18* 题

请在图中空白处填入合适的字母。

第 *19* 题

请在下面圆轮里，填入合适的字母。

第 *20* 题

约翰用四根火柴做成了一个杯口朝下的杯子，并把一枚硬币放在了一边，他向加里保证说，如果加里只移动两根火柴就能将硬币放进杯子里，他就请加里喝酒。

请你猜一下加里是如何做到的？

第 *21* 题

请在下面列表的空白处，填入合适的数字。

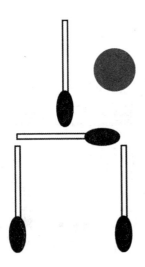

7
13
24
45

第22题

请在最后一个图表中，填入合适的数字。

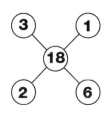 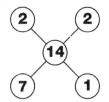 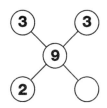

第23题

请在空白圆圈处填入所缺数字。

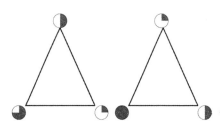

第24题

请在图中空白处，填入合适的数字。

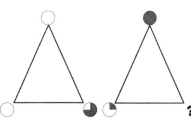

第25题

请在问号处，填入合适的图形。

L E V E L

10

第 26 题

请在空白链接中填入合适的字母。

第 27 题

请在最后一个图形中，填入所缺数字。

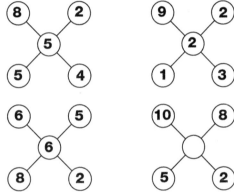

第 28 题

请在列表中，填入合适的数字。

8
10
16
34

第 29 题

请在最后一个方框中，画出正确的图形。

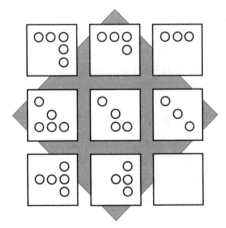

请选出与其他图形特征区别最大的一个，并说出理由。

第 *31* 题

请在图中问号处填入合适的字母。

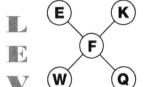 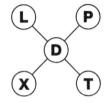 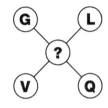

第 *32* 题

请在图中空白处填入合适的内容。

第 *33* 题

请在图中问号处填入合适的字母。

第 *34* 题

请在图中问号处填入合适的数字。

第35题

请在底部三角形的中心处填入合适的数字。

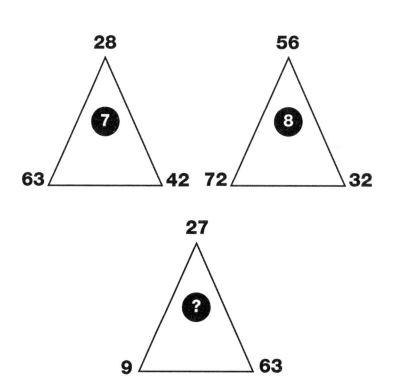

第36题

按照逻辑规律，请填出图中问号处所缺字母。

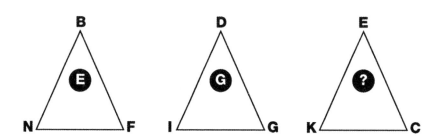

第 *37* 题

图中消失的时针应该指在哪里？

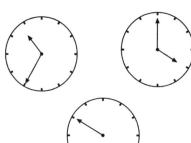

第 *38* 题

请在图中问号处填入合适的字母。

B	D	G
K	M	P
T	V	?

第 *39* 题

请在图中问号处填入合适的数字。

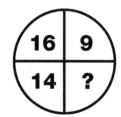

L E V E L

第40题

请在图中问号处填入合适的字母。

第41题

请在图中问号处填入合适的数字。

第42题

请在图中问号处填入合适的字母。

第43题

按照逻辑规律，请填出图中问号处所缺数字。

13

17

19

23

?

第 *44* 题

图中空白处应该是哪块手表?

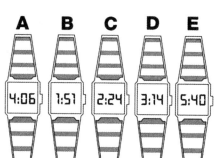

A　B　C　D　E

第 *45* 题

图中问号处应该是什么?

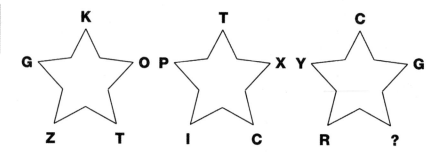

第 *46* 题

请在图中问号处填入合适的字母。

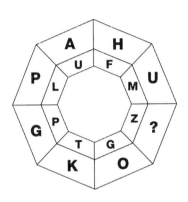

第 *47* 题

请在图中问号处填入合适的数字。

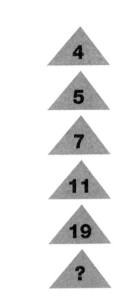

第 *48* 题

请在图中问号处填入合适的数字。

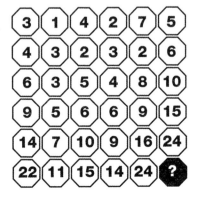

第 *49* 题

图中缺少的是哪个数字?

8	12	9
10	7	20
3	10	?

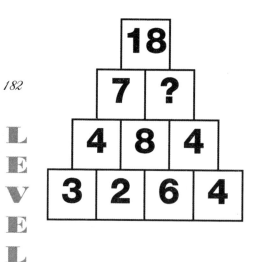

第*50*题

金字塔中缺少的是哪个数字？

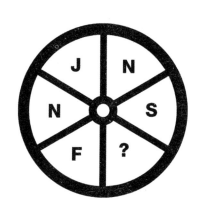

第*51*题

请在图中问号处填入合适的字母。

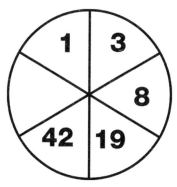

第*52*题

请在图中空白区域填出所缺数字。

第*53*题

请在图中问号处填入合适的字母。

第54题

按照逻辑规律，请在图中问号处填出所缺字母。

第55题

请填出图中缺少的三个字母。

第56题

画四条直线，要求穿过每一个黑点，画的过程中笔不能离开纸，且线条水能叠加。

第57题

请在空格中填入合适的数字，使每行、每列及对角线的数字之和都是33。

图中空白处缺少哪些扑克牌？

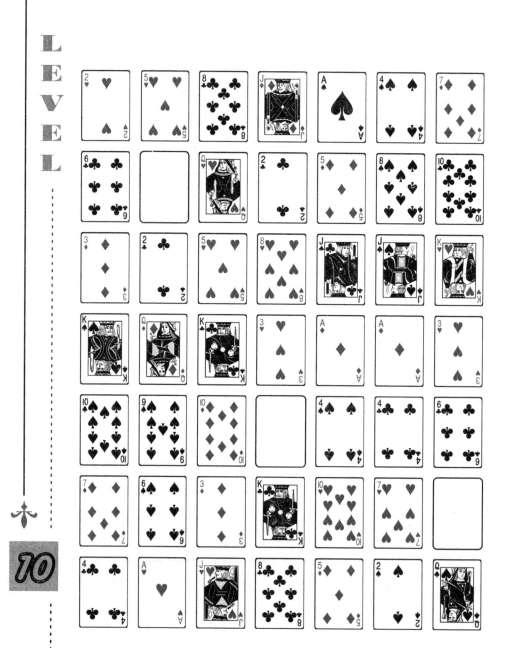

第 1 题

请在图中问号处填入合适的数字。

第 2 题

按照逻辑规律，请填出图中问号处所缺字母。

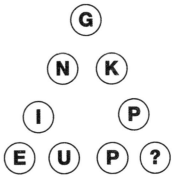

第 3 题

请在图中问号处填入合适的数字。

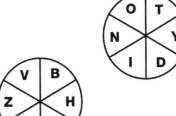

第 4 题

请在图中问号处填入合适的字母。

L E V E L

185

第5题

请在最后一个三角形的问号处填出所缺数字。

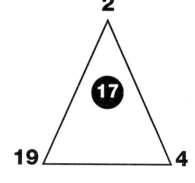

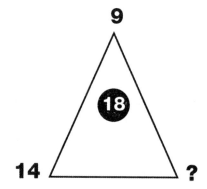

第6题

请在图中问号处填入合适的数字。

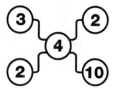

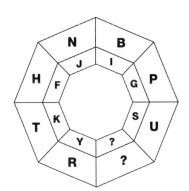

第 7 题

请在网状图形的问号处填出所缺的两个字母。

11	6	7
2	3	8
13	9	?

第 8 题

按照逻辑规律，请填出图中问号处所缺数字。

第 9 题

请填出图中空白处所缺数字。

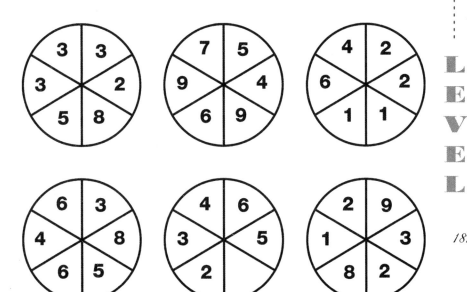

187

LEVEL

第 10 题

请在图中问号处填入合适的字母。

J

H V K

G T C W L

F S B F D X M

D R Z Y N

C Q ?

B

L P T Y D I N S

第 11 题

请在图中第三个五角星的中心填入合适的数字。

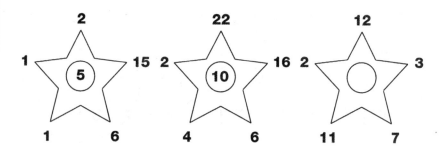

第 *12* 题

按照逻辑规律，请填出图中问号处所缺数字。

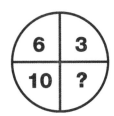

第 *13* 题

请从五个备选项中，选出合适的一个填入图中问号处。

A   B   C   D   E

第14题

请在图中问号处填入合适的字母。

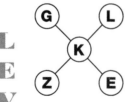

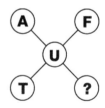

第15题

请在图中问号处填入正确的字母。

第16题

在下图中，9个火柴组成了5个等边三角形，你能只用6根火柴再拼出4个三角形吗？

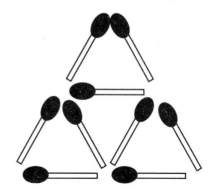

第17题

请在图中问号处填入合适的数字。

```
    11        11        16
  7     8   14    13  14    20
5          10        17        ?
```

第18题

请把所给的多米诺骨牌放入格子中，使格子中每行、每列及对角线的点数之和都为10。

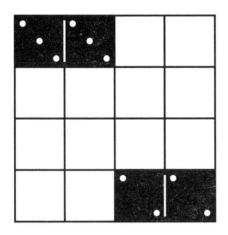

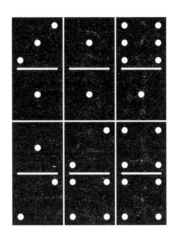

第19题

请从下面两组图形中，分别选出一个与其它数字特征差别最大的数字。

第20题

按照逻辑规律，请填出图中问号处所缺字母。

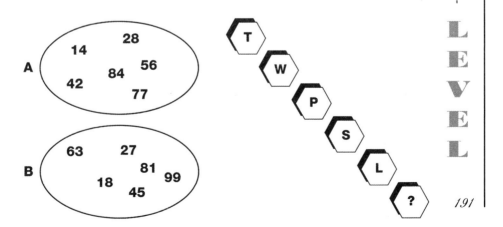

请在图中问号处填入所缺的三个数字。

5	3	2	9	1	6	7	7	5
9	2	6	3	7	6	6	4	3
1	6	3	4	8	5	8	9	3
8	2	4	9	7	6	9	2	1
3	7	2	5	8	6	4	5	
5	6	3	1	9	2	8	7	9
6	8	5	2	3	4	9	8	6
3	9	2	5	7	8	4	7	7
8	?	5	9	9	4	3	6	3
4	3	9	8	6	9	7	2	6
2	7	6	4	?	6	8	8	5
6	1	7	9	8	6	8	5	6
5	9	2	8	6	5	9	?	5
9	6	7	3	8	5	7	4	9

第22题

请在图中空白处填出所缺的两张骨牌。

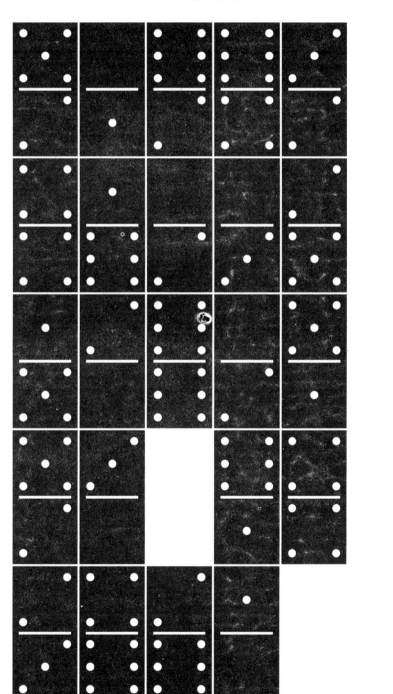

第23题

请在第三个三角形的问号处，填入合适的数字。

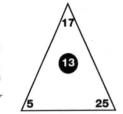 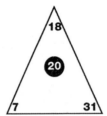 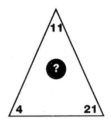

第24题

请移动一根火柴，使得下图所表示的等式成立。

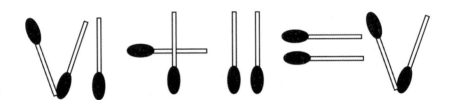

第25题

请填出图中空格所缺数字。

3	6	3
10	3	7
8	1	

第26题

请填出图中空格所需数字。

9	4	6
0	4	3

7	1	3
0	3	1

5	0	4
0	2	

第 27 题

请填出图中空白处所需数字。

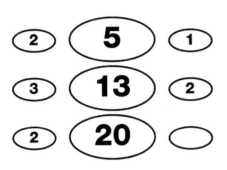

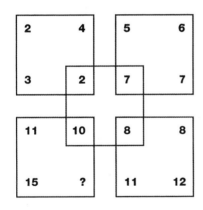

第 28 题

请移动四根火柴，组成七个正方形。

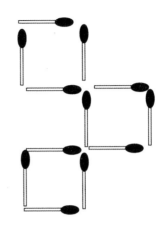

第 29 题

请在图中问号处填入合适的数字。

第 30 题

请在图中空格处填出所缺字母。

第 *31* 题

请写出图中空格处所缺数字或字母。

1	0
J	Q
1	8
R	I
2	4
X	

第 *32* 题

请填出符合顺序的数字。

| 1 |
| 5 |
| 13 |
| 29 |
| |

第 *33* 题

请选出空白表中所显示的时间。

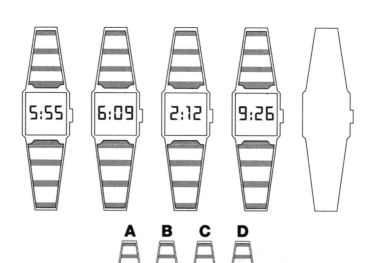

5:55　6:09　2:12　9:26

A 6:15　B 1:51　C 9:09　D 3:03

11

第 *34* 题

请填出空白圆圈中所需字母。

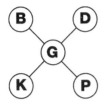 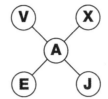 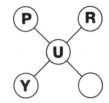

第 *35* 题

请在问号处填入适当的数字。

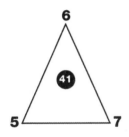 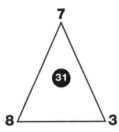 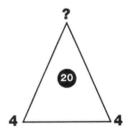

第 *36* 题

请选出图表中心所需的字母片段。

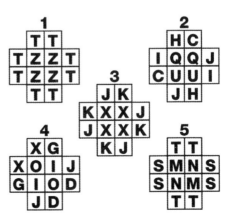

第 *37* 题

请选出符合本题图形排列规律的选项。

A　　　**B**　　　**C**　　　**D**

第 *38* 题

空白处要显示的时间是?

第 *39* 题

请在图中空白处填入合适的字母。

第 *40* 题

请在 1-25 中选出任意数字填入下表，保证每行，每列和对角线的数字之和都为 65。

J	N		H		O
F		D	G		V
W		E			N
R	M		R		P

21				1
	8			
		13		
				16
25		2		

第41题

请在下列扑克牌中选出适合上列空白处的选项。

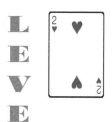

第42题

请填出网状图形空白处所缺数字。

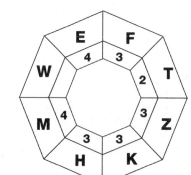

第43题

请填出本题所需数字。

第44题

请填出适合本题的扑克牌。

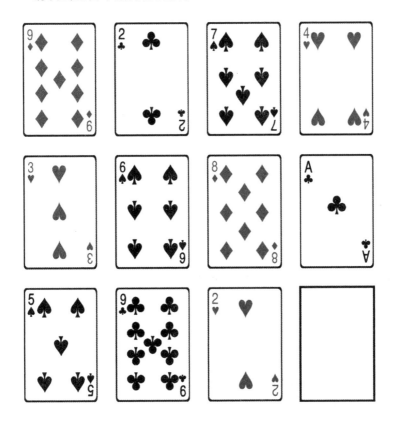

第45题

请填出图中空格所缺数字。

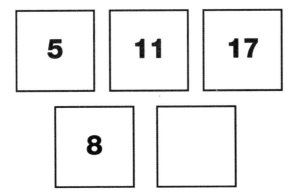

第46题

请在图中空白处填入所缺数字。

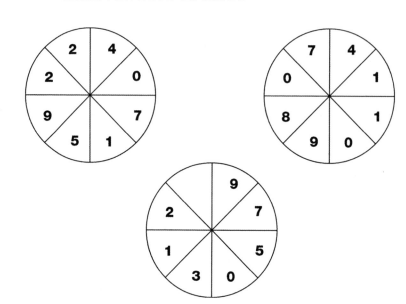

第47题

西蒙、史蒂芬和斯图尔特都是苹果农，他们每年都合伙用苹果酿酒。今年史蒂芬的收成是斯图尔特的三倍，而西蒙的收成则是史蒂芬的两倍。

如果总收成是 900 吨，那么他们每个人的贡献是多少？

第48题

请填出图中空白圆圈处的字母。

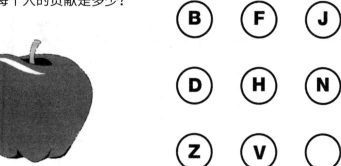

第49题

爱德华在一个派对上花了21美元喝酒，如果他购买伏特加所花费的是啤酒的两倍，而购买柠檬水所花费的是啤酒的一半，那么请问爱德华喝啤酒花了多少钱？

第50题

请填出图中空白处所缺数字。

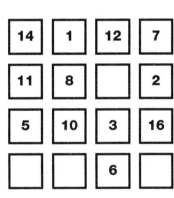

第51题

请填出本题所缺数字。

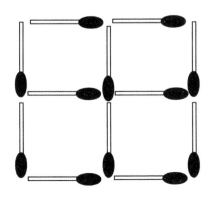

第52题

请移动两根火柴，组成七个正方形。

第 *1* 题

请填出本题所缺的两张扑克牌。

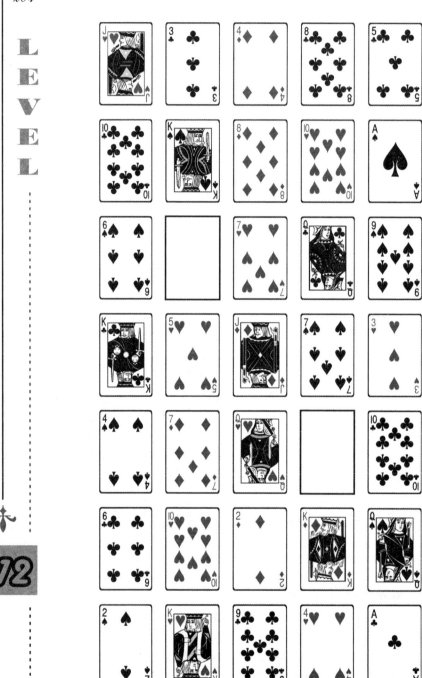

第2题

请重新排列这些硬币，组成一个五边形，使每一边有四枚硬币。

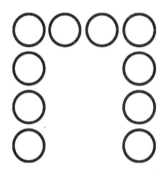

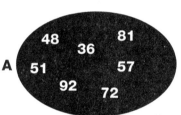

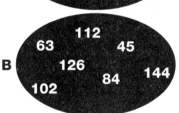

第3题

请填出图中空白处所缺数字。

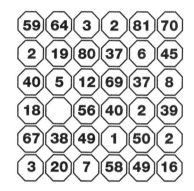

第4题

请在左图两个椭圆中，分别选出一个与其它数字特征差别最大的数字。

第5题

请填出本题所缺数字。

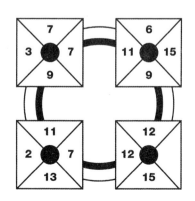

L
E
V
E
L

第6题

请在本图底端给出的三个字母中选出适合本题的字母。

第7题

请填出图中所缺数字。

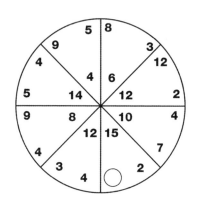

第8题

请填出符合规律的数字。

3

5

9

15

第9题

请按照顺序，填出空白圆圈处所需字母。

12

请在图中空白处填入合适的扑克牌。

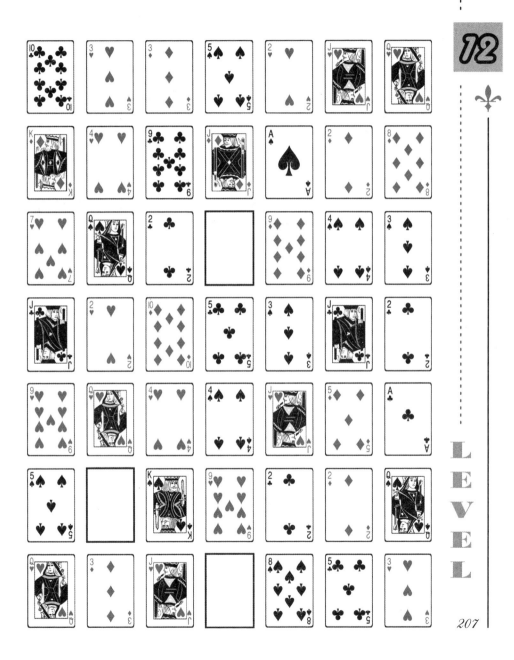

第 *11* 题

请在图中空格内填入合适的数字。

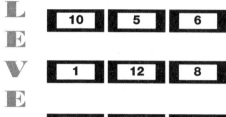

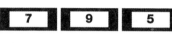

第 *12* 题

请填出图中问号处所缺数字。

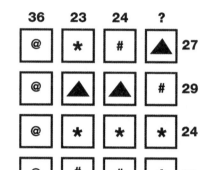

第 *13* 题

请在图形中心空白处，填入合适的字母。

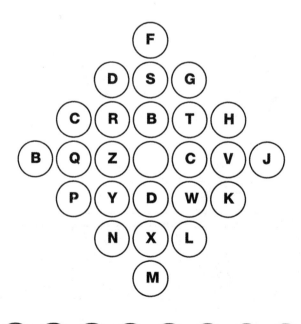

第14题

请填出问号处所缺数字。

1−2−5−10−13−26−29−？

第15题

请在第三个五角星中心，填入合适的数字。

第16题

请填出空格处所缺字母。

第17题

请写出图中所缺数字。

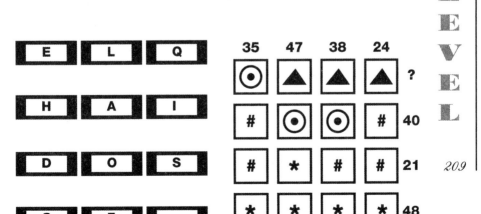

L
E
V
E
L

第18题

请填出空白圆圈处所缺数字。

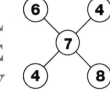

第19题

请在空白圆圈处填入合适的字母。

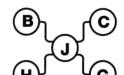

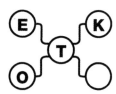

第20题

请填出图中所缺数字。

第21题

请在中间正方形的空白角，填入合适的数字或字母。

12

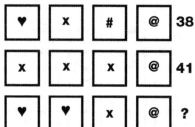

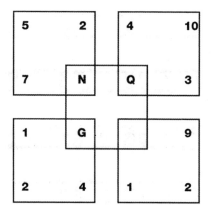

第22题

请填出图中空白处所缺数字。

3	1
2	5
8	4
7	12
17	
16	23

第23题

海伦的手表需要修理，她把手表定在下午 4：12，但是 3 个小时后，显示时间为下午 8：00，再过了 2 个小时后，时间变成了下午 10：32。

她很早就上床睡觉了，当她早上醒来时是上午 6：46。

请问真实的时间是几点？

第24题

请在图中空白区域填入合适的数字或字母。

第25题

请在图中空格内填入所需数字。

2	5	3	7
9	8	2	1
4	8	0	8
5	3	4	

第26题

请在最后图形的空白圆圈中填入所需数字。

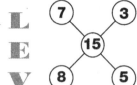 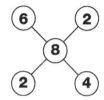 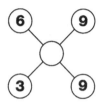

第27题

请写出图中空白区域的数字。

 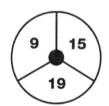 

第28题

请写出图中所缺数字。

第29题

请在图中问号处，填入合适的数字。

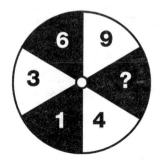

第 30 题

请从五个备选项中，选出合适的一个图形填入图中问号处。

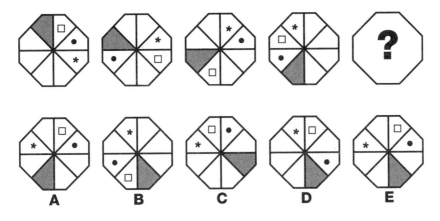

A **B** **C** **D** **E**

第 31 题

请在图中空白处
填入合适的数字。

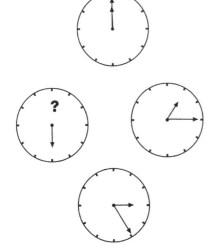

第 32 题

图中缺少的分针应该指
在哪里？

L E V E L

第 33 题

请在图中问号处填入合适的数字。

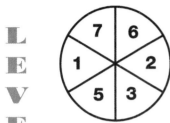 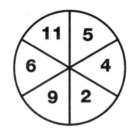 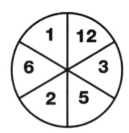

 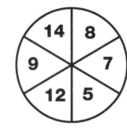 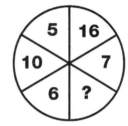

第 34 题

按照逻辑规律，请填出图中问号处所缺数字。

第 35 题

金字塔右下角问号中应该是哪个字母？

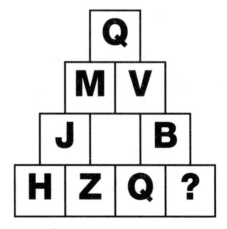

第*36*题

请从八个备选字母中，选出图中问号处应填的字母。

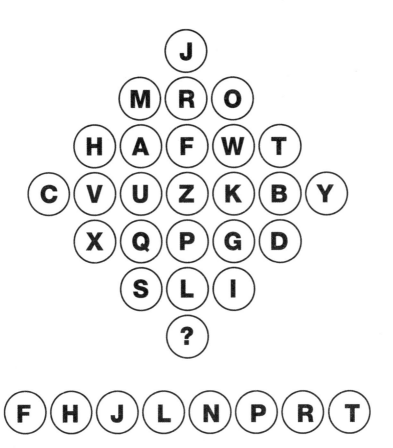

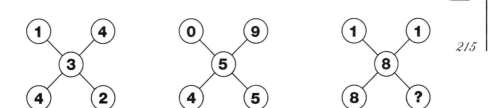

第*37*题

请填出最后一个图形问号处所缺的数字。

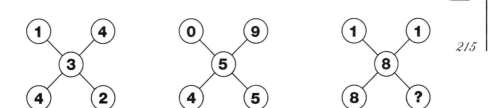

215

L E V E L

第38题

按照逻辑规律，请填出图中问号处所缺数字。

| 125 |
| 216 |
| 343 |
| 512 |
| 729 |
| ? |

第39题

请在图中问号处填入合适的数字。

第40题

请在图中问号处填入合适的数字。

第41题

请在图中问号处填入合适的数字。

5	3
7	2
11	6
17	9
27	16
43	?

第42题

请在图中问号处填入合适的字母。

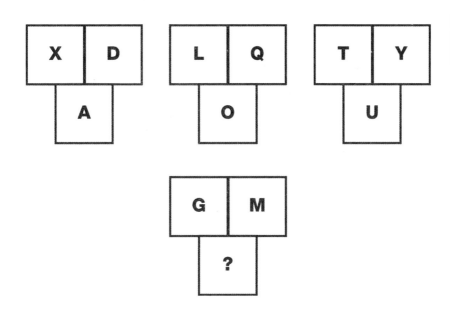

第43题

请在图中问号处填入合适的数字。

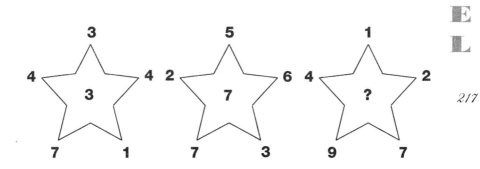

第44题

请在图中问号处填入正确的字母。

B	K	G	A	E	?
G	P	L	F	J	M
K	T	P	J	N	Q
N	W	S	M	Q	T
P	Y	U	O	S	V
Q	Z	V	P	T	W

第45题

若使图形只剩下两个正方形，最少需要取走几根火柴？

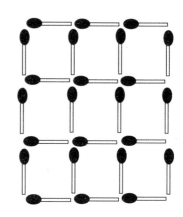

第46题

请从下面两组图形中，分别选出一个与其它字母特征差别最大的字母。

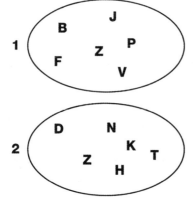

第47题

请在图中问号处填出缺少的两个数字。

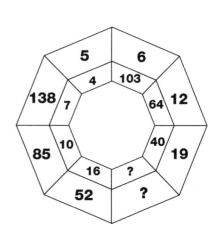

第 *48* 题

请在图中问号处填入缺少的两个图形。

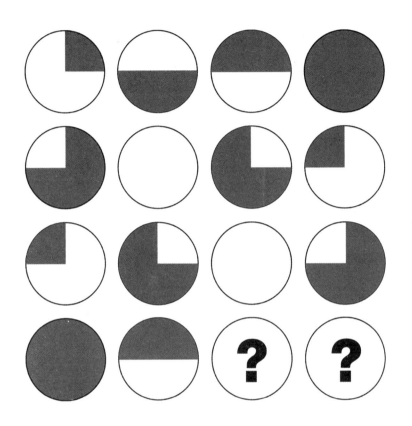

第 *49* 题

请在图中问号处填入合适的字母。

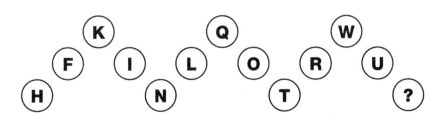

220

LEVEL

第50题

按逻辑规律，请填出图中问号处所缺字母。

第52题

请在图中问号处填出所缺的三个字母。

第51题

图中问号处应该填入哪个字母？

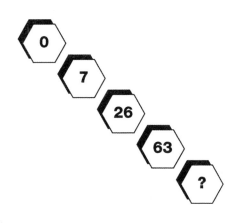

第53题

图中问号处应该填入哪个数字？

第54题

请在图中问号处填入合适的字母。

第55题

黑色区域内应该填入哪个图形？

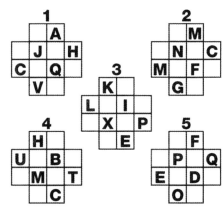

第 *1* 题

请在图中问号处填入所缺的字母。

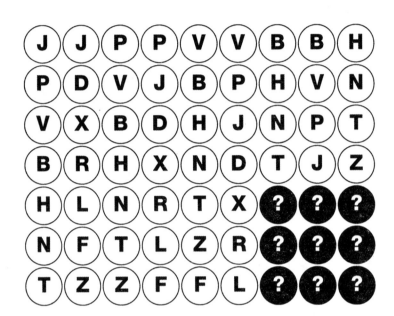

第 *2* 题

请在图中问号处填入合适的数字。

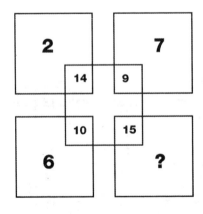

第 *3* 题

按照逻辑规律，请填出图中问号处所缺字母。

A

E

F

H

?

请在图中问号处填入合适的数字。

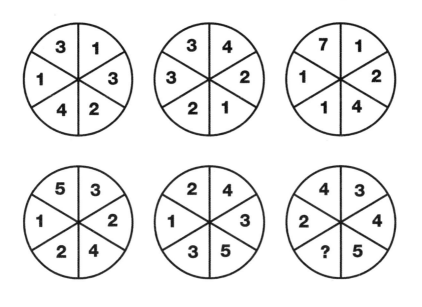

请在图中问号处填入合适的数字。

请在图中问号处填入合适的数字。

3	2

7	7

11	12

17	15

19	22

27	?

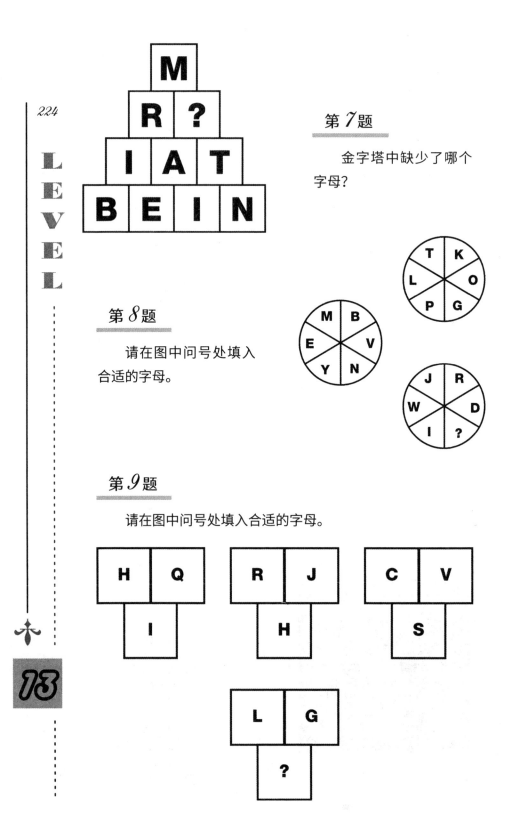

L E V E L

第7题

金字塔中缺少了哪个字母?

第8题

请在图中问号处填入合适的字母。

第9题

请在图中问号处填入合适的字母。

13

第 *10* 题

请在图中问号处填入所需的两个数字。

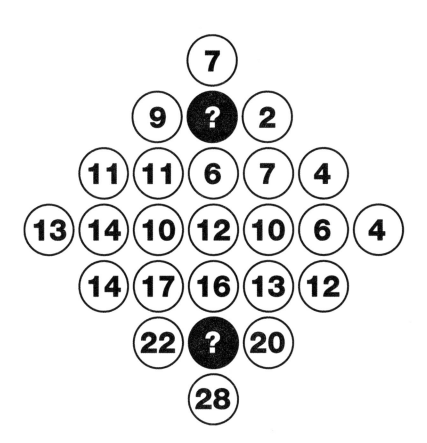

第 *11* 题

最后一个图形中缺少什么字母？

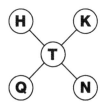

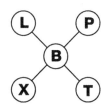

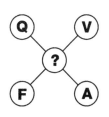

第 *12* 题

请在图中问号处填入合适的数字。

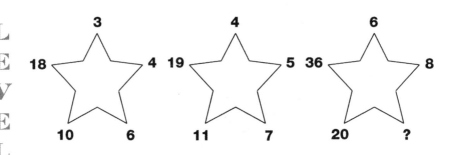

第 *13* 题

请在图中问号处填入合适的字母。

第 *14* 题

按照逻辑规律，请填出图中问号处缺少的字母。

B

C

E

G

K

?

第 *15* 题

请在图中问号处填入合适的数字。

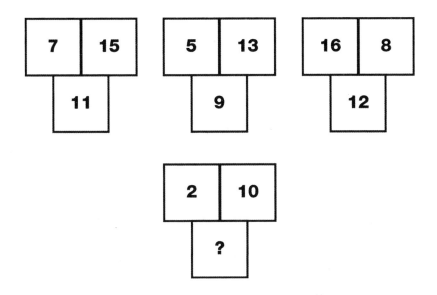

第 *16* 题

请在图中空白处填入所缺的多米诺骨牌。

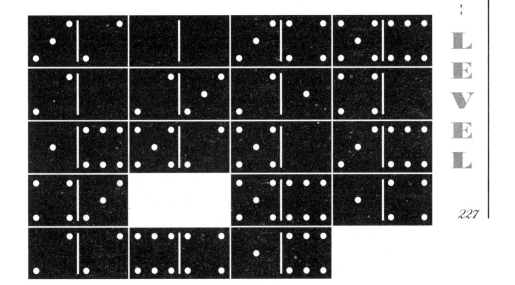

第17题

请移去两根火柴，使之成为 4 个正方形。如果你成功了，那么试着在原来的图形上移去 4 根火柴，使之成为 3 个正方形。

第18题

按照逻辑规律，请填出图中问号处所缺数字。

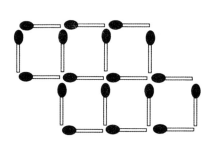

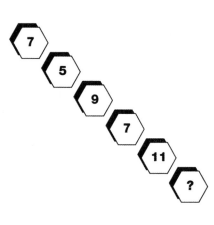

第19题

请在图中问号处填入合适的字母。

第20题

请在图中问号处填入合适的数字。

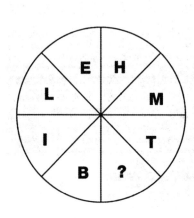

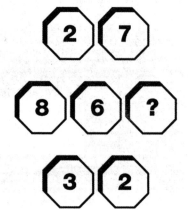

第21题

请在图中问号处填入合适的数字。

第22题

按照逻辑规律，请填出图中问号处所缺数字。

第23题

约翰买回一袋苹果，但是到家时，他发现 2/3 被碰坏了，一半发霉了，1/4 既碰坏了又发霉，所以只剩一个可以吃。

约翰买了多少个苹果呢？

146

255

366

479

684

?

第 24 题

图中空白处应该是哪些纸牌？

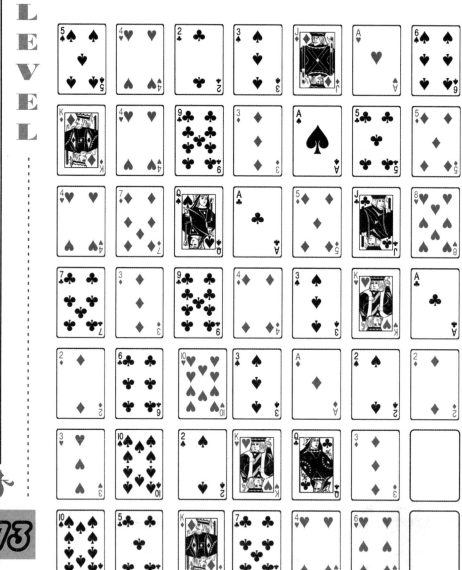

第25题

请在下面五组中选出符合本题排列规律的图形。

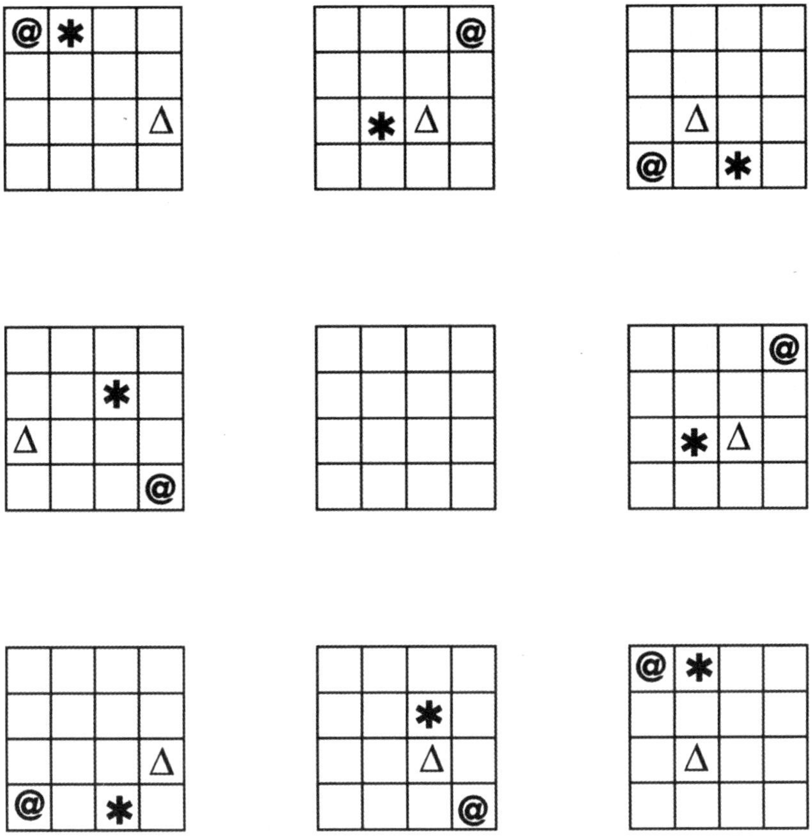

A

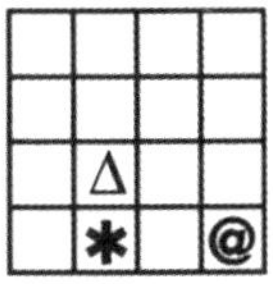

B

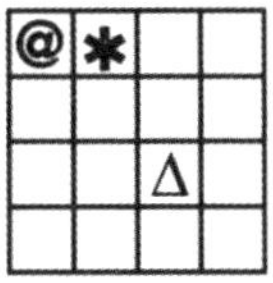

C

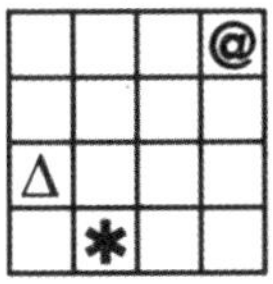

D

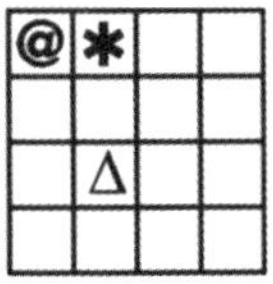

E

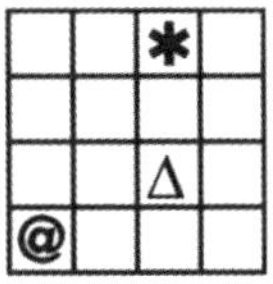

F

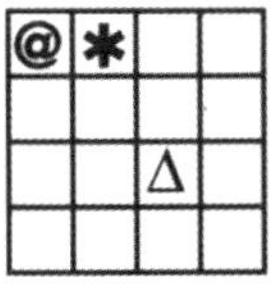

第 *26* 题

请在下面选项中选出符合本题排列规律的多米诺骨牌。

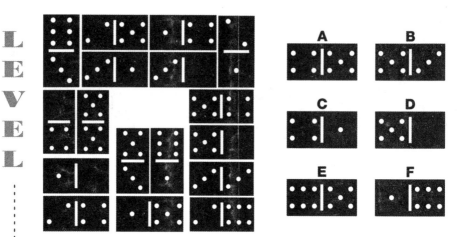

第 *27* 题

请在中间空白处填入所缺数字。

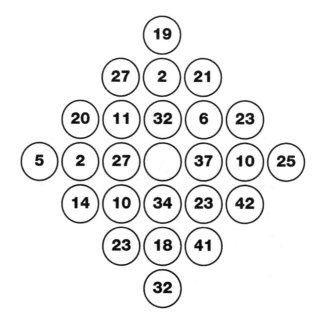

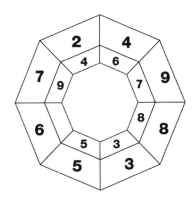

第28题

请在网状图形中填出所缺数字。

第29题

请在圆轮中填出所缺数字。

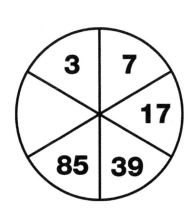

第30题

请根据显示时间，选出与其他手表不同的选项。

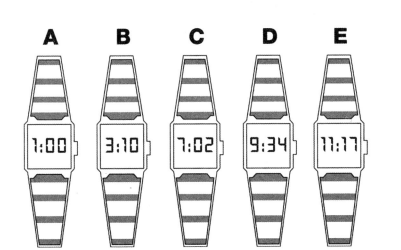

A   **B**   **C**   **D**   **E**

1:00   3:10   7:02   9:34   11:17

请在图中空白处填入合适的扑克牌。

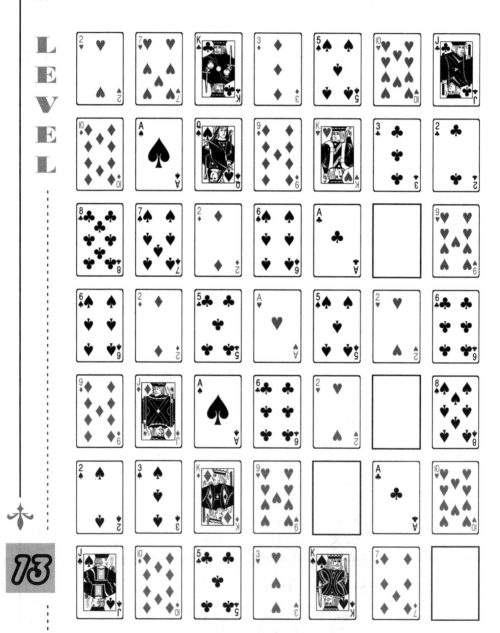

第 32 题

请填出第三个三角形中所缺数字。

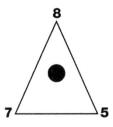 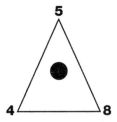 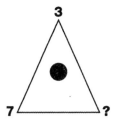

第 33 题

请填出空白表中应该显示的时间。

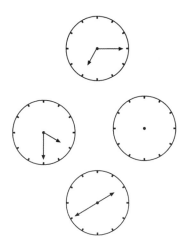

第 34 题

请在图中空白区域填入所缺数字或字母。

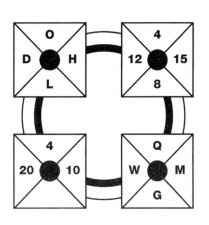

第 35 题

请填出最后三角形中底边所缺字母。

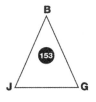

LEVEL

第 *36* 题

请按照顺序，在空白圆圈处填入合适的字母。

I L O
R U X
A ○ G

第 *37* 题

请在图中空白处，填入所缺字母。

H	X	J	Z
U	O	D	H
	G	V	P
I	Y	I	

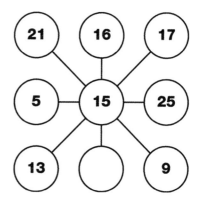

21 16 17
5 15 25
13 ○ 9

第 *38* 题

请填出空白圆圈处所缺数字。

F I
O
R U

第 *39* 题

请填出圆轮中所缺字母。

第 40 题

请填出下面图表中所缺的两个字母。

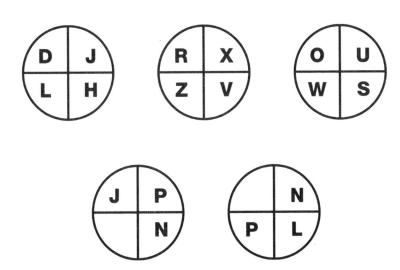

第 41 题

请填出正确的数字。

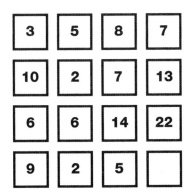

第 42 题

请填出空白区域所缺字母。

237

第 43 题

请填出最右边圆中所缺数字。

  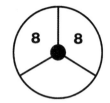

第 44 题

请在第三个五角星中，填入合适的数字。

第 45 题

请在空白区域填入符合
逻辑的字母。

第 46 题

请完成下面的表格。

3	8	18
5	10	20

4	10	22
6	12	24

7	16	
9	18	

第 *47* 题

请填出空白处所缺数字。

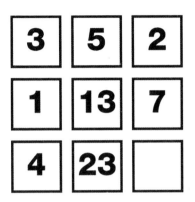

第 *48* 题

请在空白处填入合适的数字。

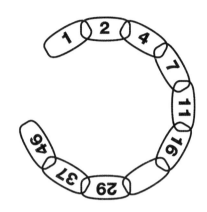

第 *49* 题

请在图下边填入合适的字母。

B
D
G
K
P

第 *50* 题

请在空白区域内填入合适的数字。

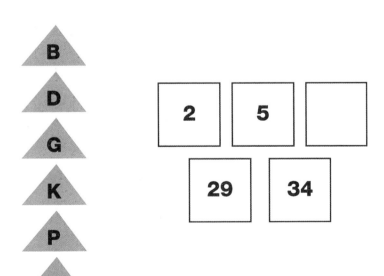

第51题

农场主圣伊莱斯将他的家畜带到市场去卖，但是农场工人忘了每种动物的价格，圣伊莱斯给工人画出了每种动物的等价物，但是没有画完，请问你能帮这个不幸的工人解决这个问题吗？

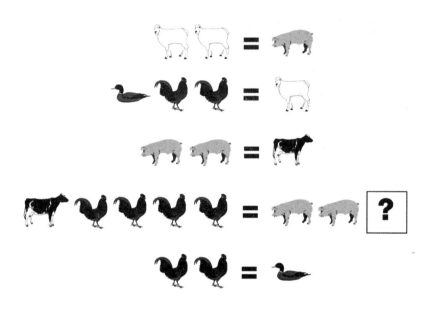

第52题

请在图中空白处填入合适的字母。

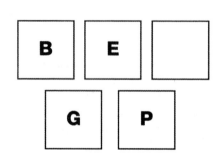

第53题

请填出图中空白处所缺字母。

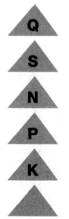

第 *1* 题

请填出链条中所缺字母。

5	7	10
25	19	
32	40	49

第 *2* 题

请在图中空白处填入所缺数字。

第 *3* 题

罗伊、莫利、弗兰克和莫德都是很热心的园丁，正如图表中所示，他们每个人都在自己的地里种了 10 棵植物，有花、树木和蔬菜。

罗伊种的花比莫德的多；莫利种的树比弗兰克多；莫德和莫利种的蔬菜加起来比那两个人多。

请问这四个人的花园分别是哪个？

1　　**2**

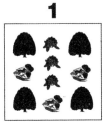
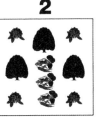

3　　**4**

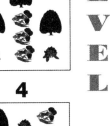
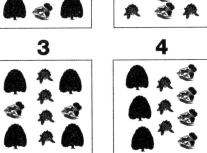

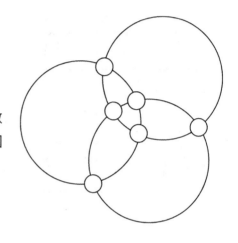

第4题

这是一个由12根火柴摆成的4×3的三角形，占据了图中所示区域的一半，请移动4根火柴，再将所占区域减少一半。

第5题

请任意使用0-5中的数字，填入小圆中，保证大圆周围的数字之和都是10。

第6题

请填出图中空白区域所缺字母。

第7题

请填出此列底端所缺字母。

A

E

F

H

第 *8* 题

请在最后的圆圈中填入所缺数字。

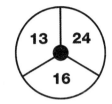

第 *9* 题

请在图中空白处填入所缺扑克牌。

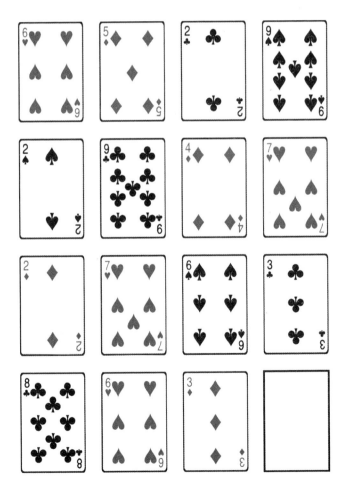

LEVEL

14

第 *10* 题

请选出图中空白处所缺的手表。

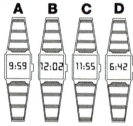

A   B   C   D

第 *11* 题

请填出数列底端所缺数字。

| 1 |
| 5 |
| 9 |
| 15 |
| |

第 *12* 题

请完成本题。

48   **7**   21

531   **5**   72

54   51

第13题

请填出本题所缺扑克牌。

第14题

请按照顺序，填出图中空白处所缺字母。

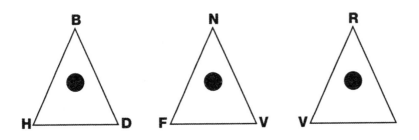

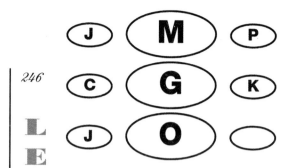

第 *15* 题

请按照顺序，填出图中空白处所缺字母。

第 *16* 题

请填出图中空格内所缺数字。

2	1	2	7	3	2	4
5	1	4	2	9	2	7
4	1	6	6	2	2	7
1	1	1	6	4	4	2
1	1	4	2	5	0	4
4	1	2	9	3	4	

第 *17* 题

请选出表格中间所缺的数字片段。

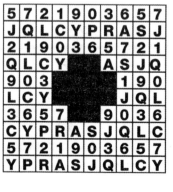

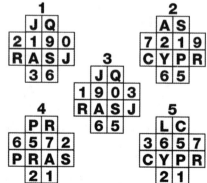

请填出图中所缺的扑克牌。

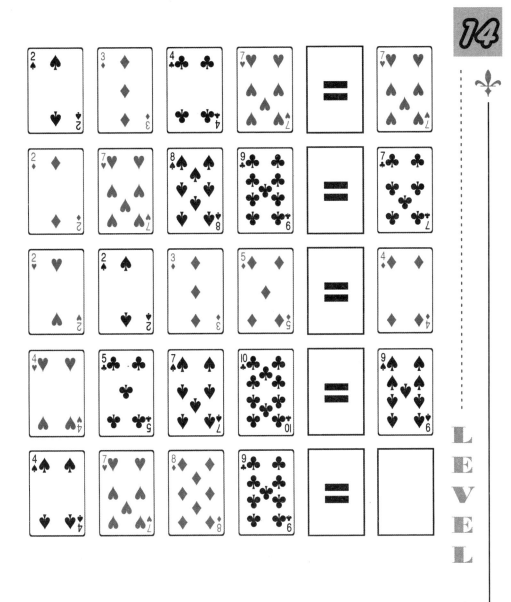

L E V E L

14

12	#			
16	≈	¥		
11	x	@	x	
40	#	≈	¥	#

36　　　10　12

第19题

请填出图形外围所缺数值。

第20题

请说出为什么这个数字金字塔是正确的?

```
        7
      3   5
    4   8   2
  6   7   2   0
```

第21题

请选出合适的数字片段填入表格中。

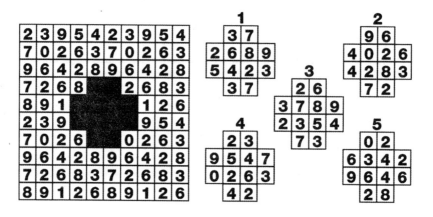

第22题

请在图中空白处填入合适的扑克牌。

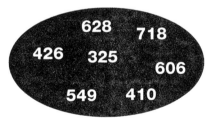

第23题

请在左图中，选出与其它数字特征不同的一个数字。

第24题

如果两小时后到午夜凌晨的时长是一小时后到午夜凌晨时长的一半，那么现在是几点？

第25题

请填出图中所缺扑克牌。

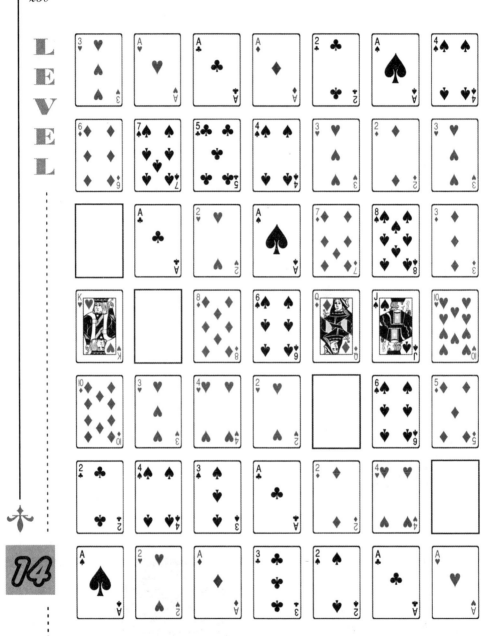

第26题

请在图中问号处填入合适的数字。

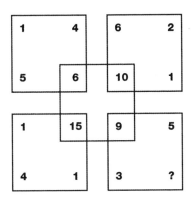

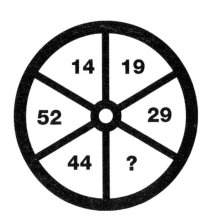

第27题

按照逻辑规律，请填出图中问号处所缺字母。

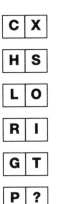

第28题

请在图中问号处填入合适的数字。

第29题

请在图中问号处填入合适的字母。

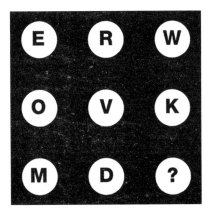

第 30 题

图中问号处缺少的是哪个数字?

```
                2
             7  5  6
          8  2  3  3  1
       5  3  2  4  2  5  3
          6  9  4  9  2
             4  5  2
                ?
```

```
 1   2   3   4   5   6   7   8
```

第 31 题

请在图中问号处填入合适的数字。

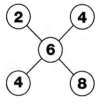
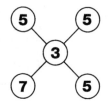
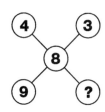

第32题

图中问号处应该填入哪个图形?

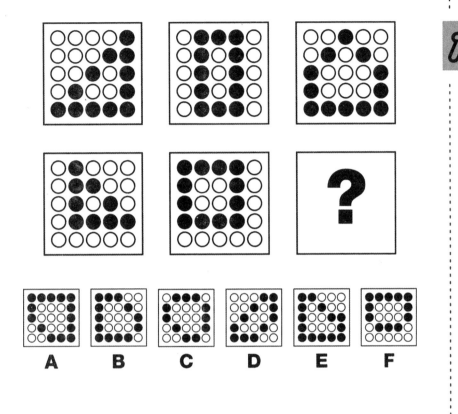

第33题

黑色区域应该填入哪个图形?

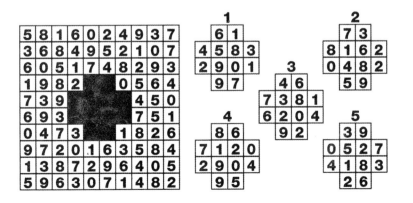

第 34 题

图形中缺少哪三个字母?

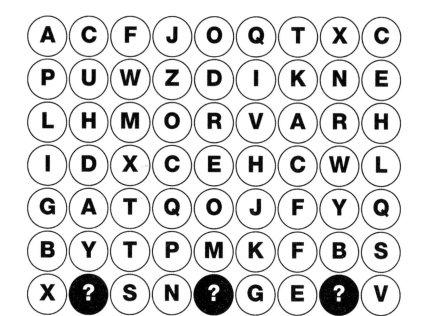

第 35 题

按照逻辑规律，请填出图中问号处所需字母。

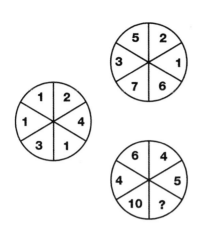

第 36 题

请在图中问号处填入合适的数字。

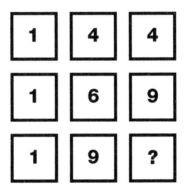

第 37 题

请在图中问号处填入合适的数字。

第 38 题

图中右下角的问号处应该填什么数字?

第 39 题

按照逻辑规律，请填出图中问号处所需数字。

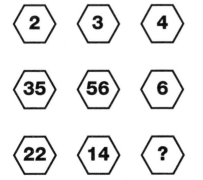

35

48

63

80

?

第40题

请在图中问号处填入合适的数字。

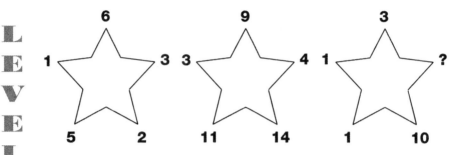

第41题

图中问号处应该填什么图形?

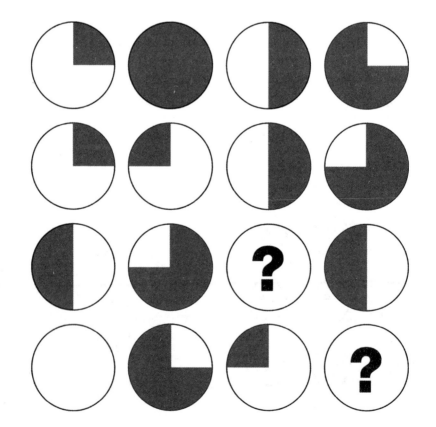

第 *42* 题

请在图中问号处填入合适的字母。

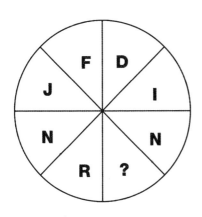

第 *43* 题

请在图中问号处填入合适的字母。

第 *44* 题

图中问号处应该填入哪个字母?

第 *45* 题

你能把这 12 根火柴摆成 6 个等边三角形吗?

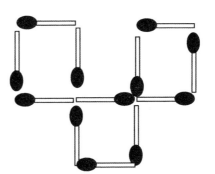

第 *46* 题

图中问号处应该填入哪个字母？

K	O
	S

I	N
	S

B	H
	N

G	N
	?

第 *47* 题

黑色区域中应该填入哪个图形？

第*48*题

图中问号处应该填入哪个图形?

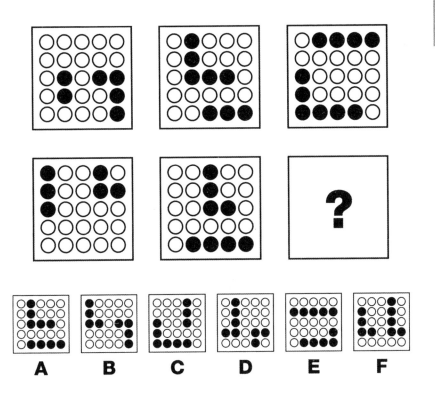

第*49*题

请在图中问号处填入合适的数字。

第 *1* 题

请在图中问号处填入合适的数字。

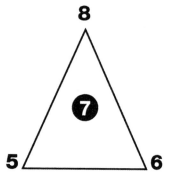

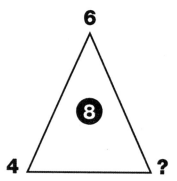

第 *2* 题

按照逻辑规律，请在图中问号处填出所缺字母。

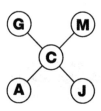

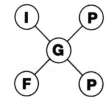

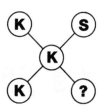

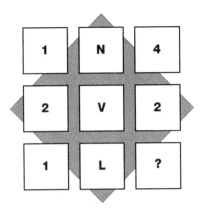

第3题

请在图中问号处填出所缺内容。

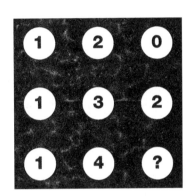

第4题

请在图中问号处填入合适的数字。

第5题

图中问号处应该是哪个图形?

  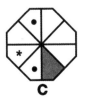

A　　　**B**　　　**C**　　　**D**　　　**E**

第6题

按照逻辑规律，请填出图中问号处所缺数字。

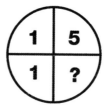

第7题

图中空白处应该是哪块手表？

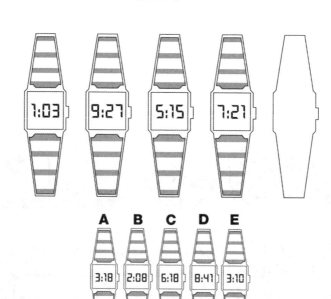

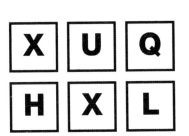

图中问号处应该填入哪个字母?

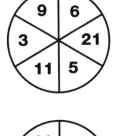
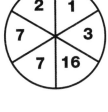

第 9 题

请在图中问号处填入合适的数字。

第 10 题

请在最后一颗五角星的问号处填入合适的数字。

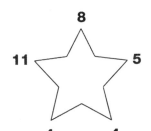

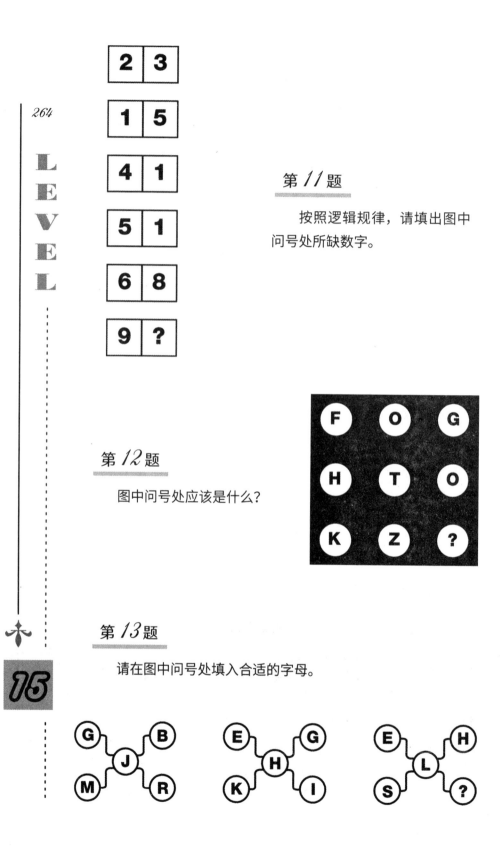

2	3

1	5

4	1

5	1

6	8

9	?

L E V E L

第 11 题

按照逻辑规律，请填出图中问号处所缺数字。

第 12 题

图中问号处应该是什么？

第 13 题

请在图中问号处填入合适的字母。

15

第14题

请在图中问号处填入合适的数字。

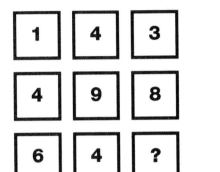

第15题

请在图中问号处填入合适的数字。

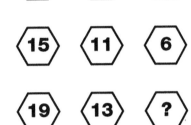

第16题

图中问号处应该是哪个字母?

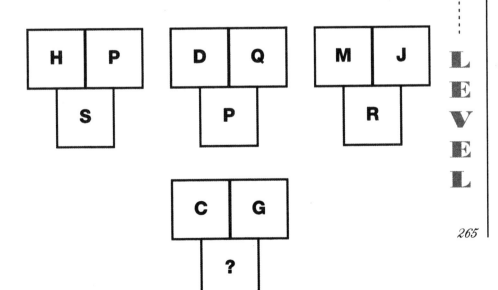

第 *17* 题

请在图中问号处填入合适的字母。

J P U
Y E
J N T
Y ?

第 *18* 题

请在图中问号处填入合适的数字。

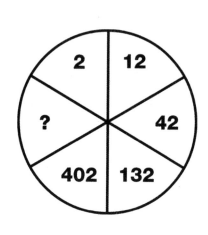

第 *19* 题

按照逻辑规律，请填补出图中问号处所缺数字。

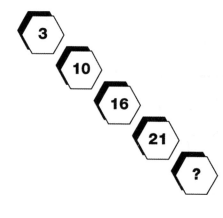

第 *20* 题

请在图中问号处填入合适的字母。

C I O

H P X

F P ?

第 21 题

如何让下图中的天平保持平衡？

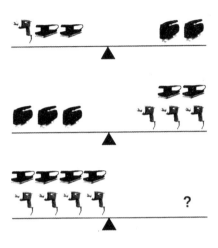

第 23 题

请在图中问号处填入合适的字母。

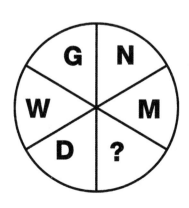

第 22 题

请在图中问号处填入合适的数字。

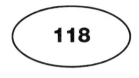

118

141

166

193

222

?

L E V E L

267

第 24 题

按照逻辑规律，请填出图中问号处所缺数字。

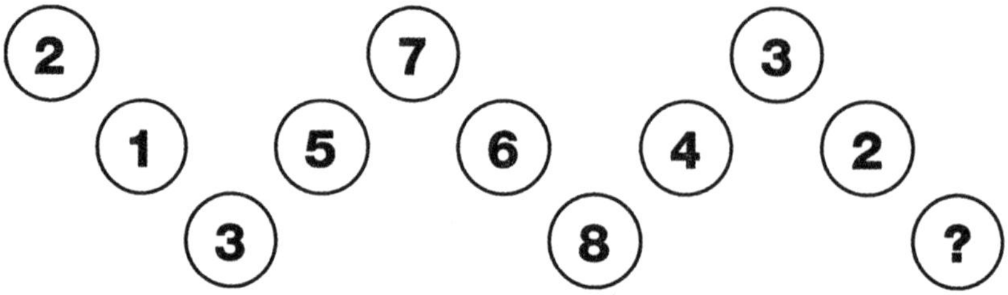

② ⑦ ③
① ⑤ ⑥ ④ ②
③ ⑧ ?

第 25 题

图中问号处应该是什么图形？

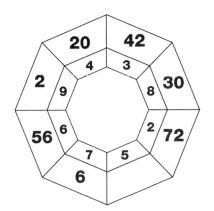

第 26 题

请填出网状图形中所缺数字。

第 27 题

请在空格中填入合适的数字。

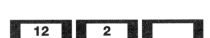

第 28 题

请选出正确的手表。

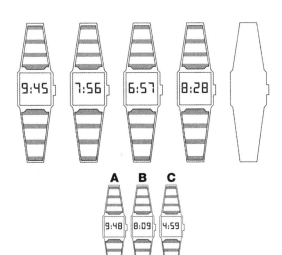

第29题

请填出图中所缺的扑克牌。

第 30 题

请填出最后一个圆中空白区域所缺的数字。

  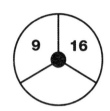

第 31 题

请按照顺序，在下面的备选项中选出合适的图形。

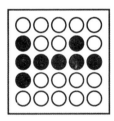 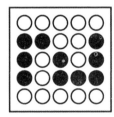 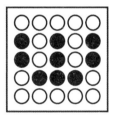

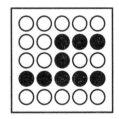 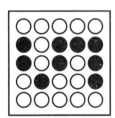 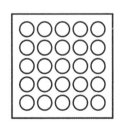

A **B** **C** **D** **E** **F**

第 *32* 题

请填出图中所缺扑克牌。

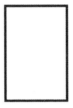

第 *33* 题

请算出这些骰子隐藏面的点数之和。

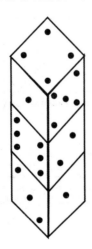

第 *34* 题

请在链接处填入所缺数字。

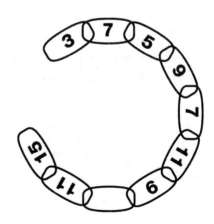

第 35 题

请在下面两个方框的圆圈内，填入合适的数字。

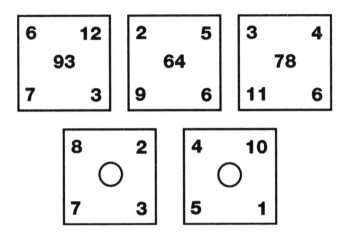

第 36 题

请在空白圆圈中填入合适的数字。

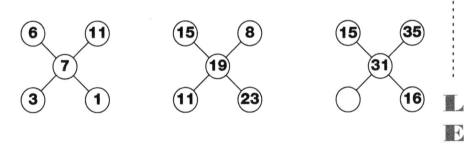

第 37 题

请在问号处填入合适的数字。

3		7
	?	
4		5

8		4
	20	
4		3

9		4
	22	
7		2

4		5
	14	
2		3

第38题

请填出图中所缺的扑克牌。

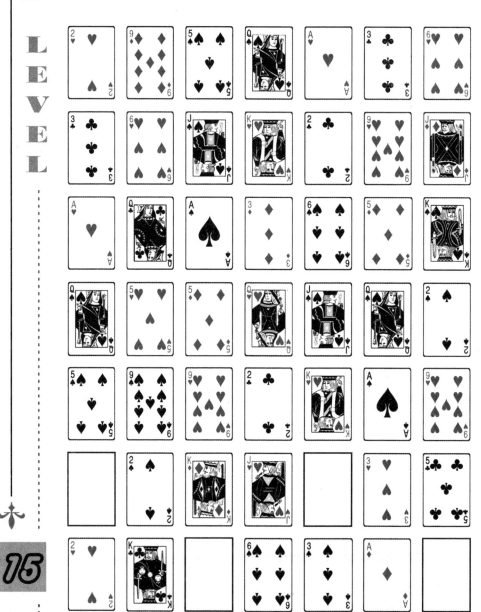

第 39 题

请按照顺序，在图中空白处填入合适的字母。

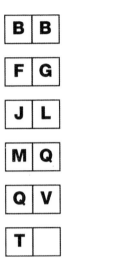

第 40 题

请填出数列底部所缺数字。

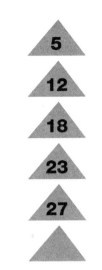

第 41 题

请填出图中空白处所缺字母。

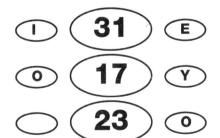

第 42 题

请填出图中空白处所缺数字。

5	5	11
3	8	7

6	10	14
7	10	13

2	10	12
6	7	

第 *43* 题

请在图中空白区域填入所缺内容。

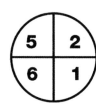

第 *44* 题

请填出第三个三角形中心所缺字母。

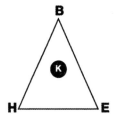
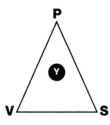
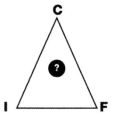

第 *45* 题

请在图中空白区域填入所缺字母。

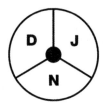

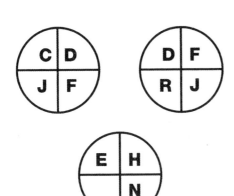

第46题

请在图中空白区域填入合适的字母。

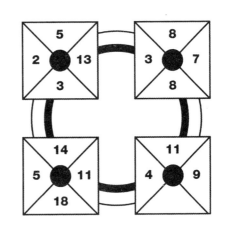

第47题

请在图中空白处填入合适的数字。

第48题

请在下面的字母片段中选出合适的填入表格中。

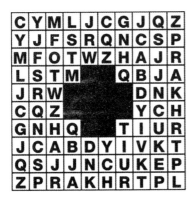

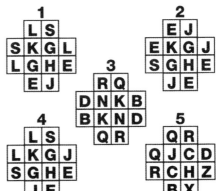

第1题

请在最后一个图形的空白圆圈处填入合适的数字。

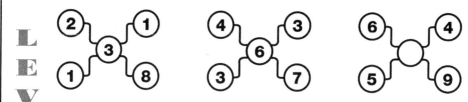

第2题

请填出最后一张扑克牌。

第3题

请在最后一个图形的空白处填入所缺数字。

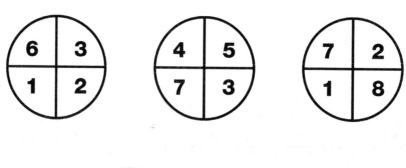

第4题

请填出空白圆圈中所缺数字。

第5题

请在图中空白处填入合适的数字。

第6题

雅尼娜和杰姬姐妹俩为婚第 7 题礼选购物品，每个人都买了三样物品，碰巧每个人都刚好花了 222.22 美元。雅尼娜注意到了一些不同的东西——如果注意每件物品的价格，你会发现美元数值，恰好都是美分数值的平方。

如果雅尼娜其中一件物品的价格是 1.01 美元，而杰姬有一件商品的价格是 169.13 美元，请问其它两件商品的价格是多少？

第7题

请填出圆轮中所缺字母。

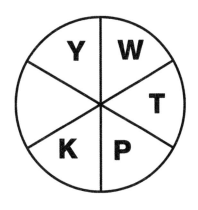

第 8 题

请选出适合表格的字母片段。

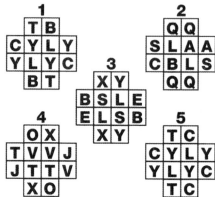

第 9 题

请填出圆轮中所缺
数字。

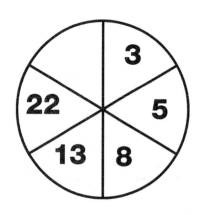

第 10 题

请在空格中填入所缺
内容。

M	1	5
O	1	7

V	2	5
I	1	2

T	2	4
L	1	

16

第 *11* 题

请在下面空格填入合适的数字。

1	3	4
5	2	3

6	2	8
7	1	6

4	7	11
11	2	

第 *13* 题

请在圆轮中填入合适的数字。

第 *12* 题

请在图中空白处填入合适的字母。

D	R	F	
K	H	V	J
B	O	L	
	F	S	P

第 *14* 题

请在空格内填入合适的内容。

O	V	H
17	10	24

M	E	T
18	26	11

F	N	X
24	16	

第 *15* 题

请在最后一幅图形中，填出分针指向的位置。

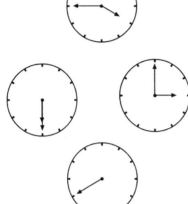

第 *16* 题

请填出右下角方框中心的数字。

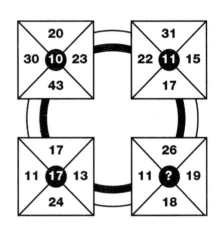

第 *17* 题

请选出符合本题排列规律的图形。

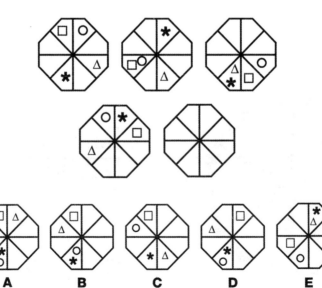

第 *18* 题

请在图中空白处填入合适的扑克牌。

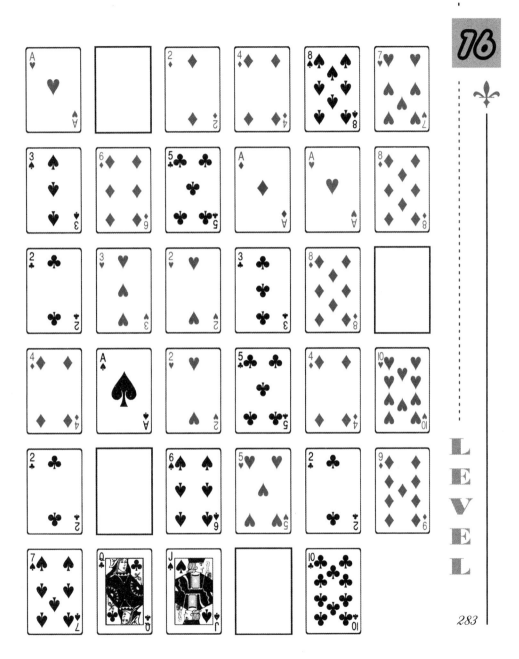

LEVEL

第 *19* 题

加里为他的女朋友塞琳娜写算数题，尽管是错的，但是他让她改变了一个符号，这道题就正确了，请你猜猜看她是怎么做的？

$$1+2-3=139$$

第 *20* 题

请按照顺序，在图中空白处填入合适的字母。

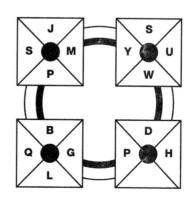

第 *21* 题

请选出下一个图片。

A   B   C

第 *22* 题

请在图中空白处，填出所缺数字。

第 23 题

请在最后那个五角星中的问号处，填入所缺数字。

第 24 题

请填出图中两个问号处所缺图形。

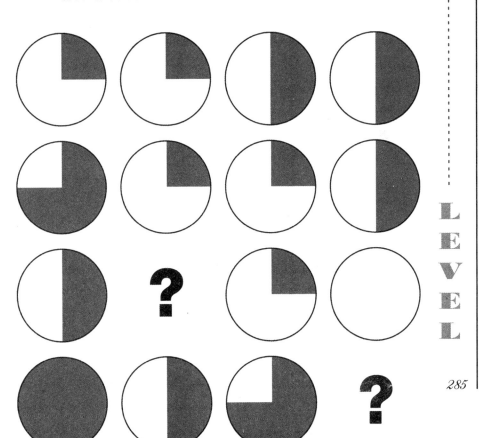

第25题

请移动3根火柴，形成8个等边三角形。

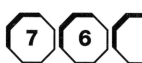

第26题

请填出图中空白处所缺数字。

5	3	4
60	12	
7	6	
42	14	

第27题

请在下图中间列中，填入所缺数字。

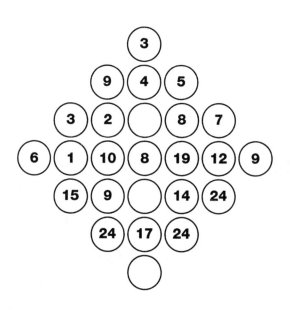

第 28 题

图中问号处应该填入什么图形？

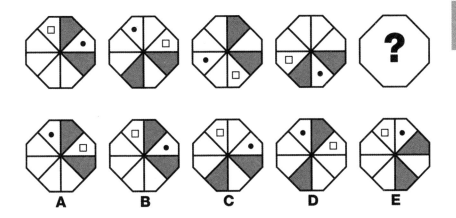

第 29 题

请在图中问号处填入合适的数字。

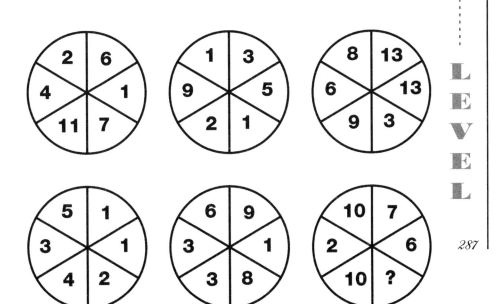

第 *30* 题

图中空白处应该是哪块手表？

12:01 11:06 9:12 6:19

A **B** **C** **D** **E**

2:22 3:37 4:27 3:30 2:27

第 *31* 题

图中问号处应该填入哪个字母？

第 *32* 题

按照逻辑规律，请填出图中问号处所缺数字。

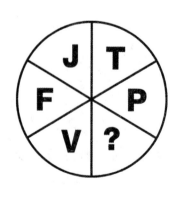

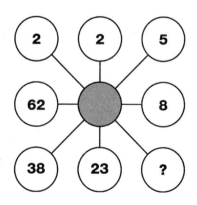

第 *33* 题

图中问号处应该是哪个图形?

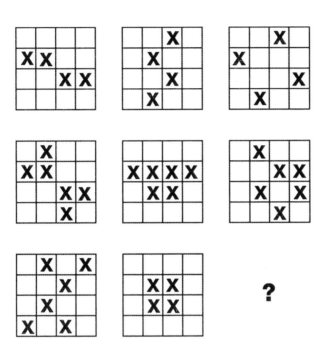

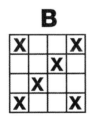
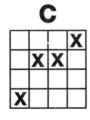
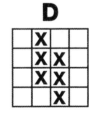

第 *34* 题

图中问号处应该是哪个字母？

第 *35* 题

图中问号处应该填入哪个字母？

第 *36* 题

按照逻辑规律，请填出图中问号处所缺的字母。

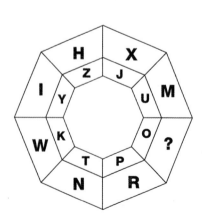

第 *37* 题

图中问号处应该是哪个数字？

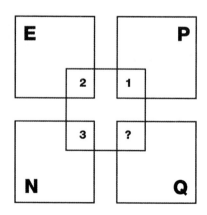

第 *38* 题

请在图中问号处填入合适的字母。

第 *39* 题

图中问号处应该是什么？

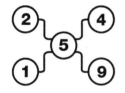 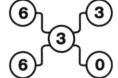 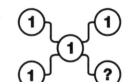

第 *40* 题

请在图中问号处填入合适的数字。

 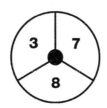 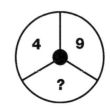

16

291

L E V E L

第41题

按照逻辑规律，请填出图中问号处所缺字母。

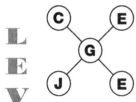 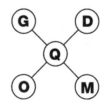 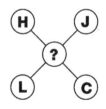

第42题

请在图中问号处填入合适的数字。

第43题

琼斯先生的手表每小时快1秒，布朗先生的手表每小时慢1.5秒，如果有一天，他们的表显示的都是上午11点，那还需要多长时间他们的手表会再次显示一样的时间？还有多长时间他们的手表会同时显示出正确的时间。

第44题

请在图中问号处填入合适的字母。

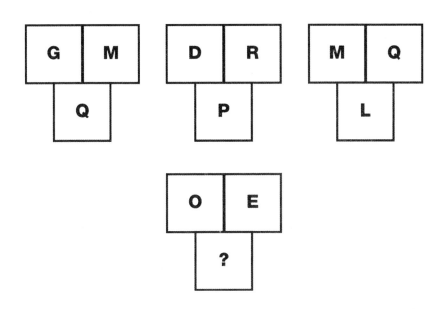

第45题

你能把这6根火柴摆成3个大小一样的正方形吗？你可能需要折断几根火柴。

第46题

请在图中问号处填入合适的数字。

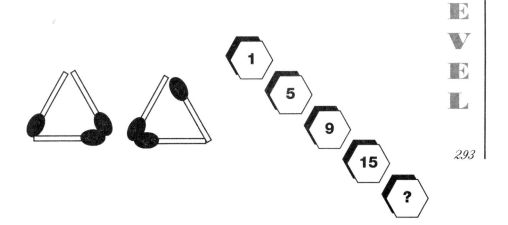

LEVEL

第47题

简让弗莱德想出两个数字，这两个数的乘积比它们的和大三倍。

你能猜出这两个数吗？

63

23

82

42

02

61

?

第48题

请在图中问号处填入合适的数字。

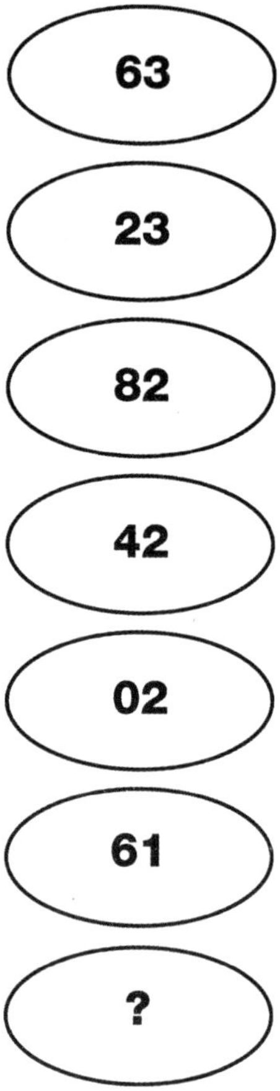

第49题

请在图中问号处填入合适的字母。

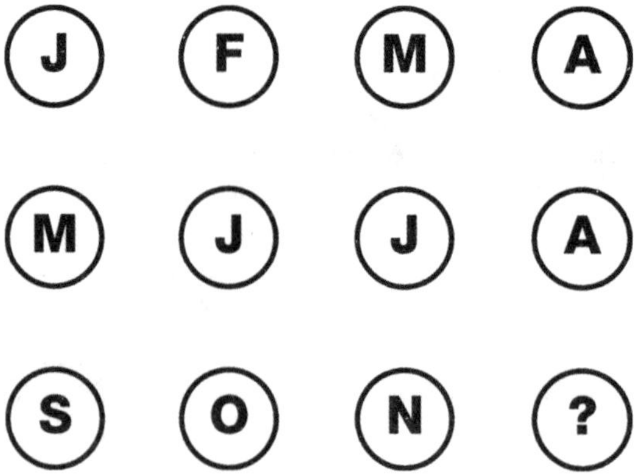

J   F   M   A

M   J   J   A

S   O   N   ?

请在图中问号处填入合适的数字。

16

2	5	13	29	12	4	21	16	15
3	11	23	8	30	19	14	11	12
7	19	6	24	15	10	9	10	11
17	4	20	13	8	7	8	9	10
3	18	9	6	6	7	8	9	10
14	7	5	32	33	34	35	36	37
5	?	26	27	28	29	30	31	28
25	22	23	24	25	26	27	26	21
20	21	22	23	24	25	22	17	13
17	18	19	20	21	20	15	?	24
16	17	18	19	?	13	33	22	40
13	14	15	14	12	29	18	34	17
12	13	12	38	27	16	30	15	23
11	11	32	23	14	28	14	19	25

LEVEL

295

第 *1* 题

图中问号处应该填入哪个图形？

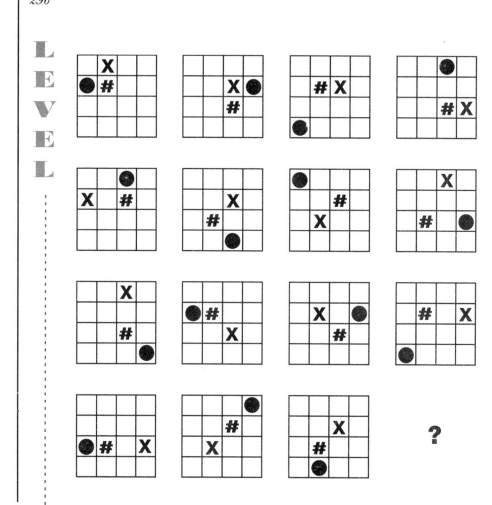

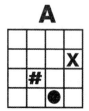

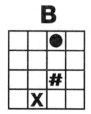

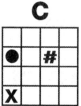

第 2 题

请在图中问号处填入合适的字母。

17

第 3 题

按照逻辑规律，请填出图中问号处所缺数字。

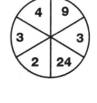
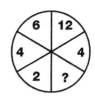

第 4 题

黑色区域应该填入哪个图形？

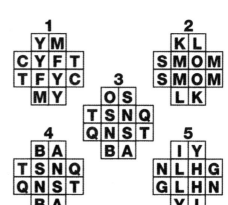

B	M	L	G	W	M	R	G	A	T
R	O	P	B	Y	H	O	M	S	F
T	C	B	O	O	A	R	J	Q	N
I	H	A	N			V	C	P	H
R	T	W				T	G	I	
I	G	T				W	T	R	
H	P	C	V			N	A	H	I
N	Q	J	R	A	O	O	B	C	T
F	S	M	O	H	Y	B	P	O	R
T	A	G	R	M	W	G	L	M	B

L E V E L

297

L E V E L

第5题

请在图中问号处填入合适的字母。

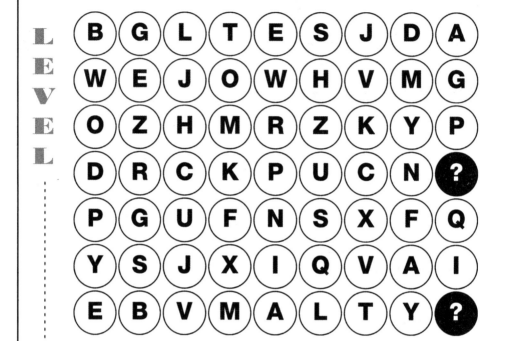

第6题

请在图中问号处填入合适的字母。

第7题

请在图中问号处填入合适的字母。

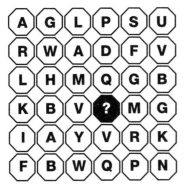

第8题

请在图中问号处填入合适的数字。

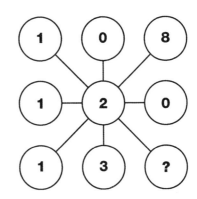

第9题

请在图中问号处填入合适的字母。

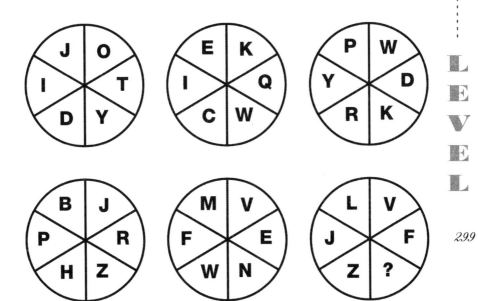

第 10 题

请在图中问号处填入合适的字母。

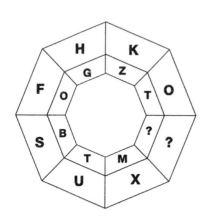

第 11 题

请在图中问号处填入合适的数字。

第 12 题

按照逻辑规律，请填出图中问号处所缺字母。

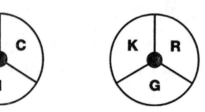

第 13 题

图中问号处应该是哪个字母？

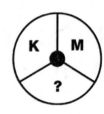

图中问号处应该是哪个图形？

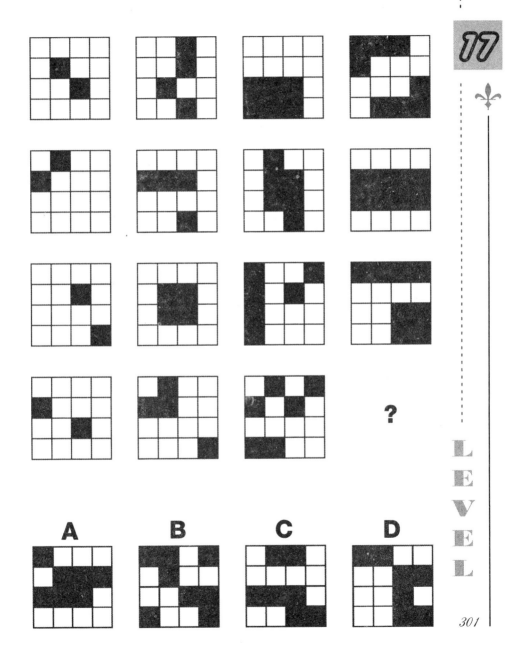

第15题

请在图中问号处填入合适的字母。

```
 K     T     C
  \    |    /
 V --- E --- L
  /    |    \
 M     D     ?
```

第16题

按照逻辑规律，请填出图中问号处所缺数字。

1728

2197

2744

3375

4096

?

第17题

请只移动4根火柴，摆成7个正方形。再试着摆出10个方形，还是移动这四根火柴。

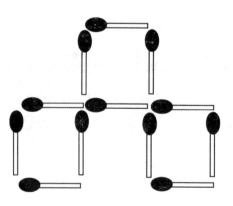

请在图中问号处填入合适的字母。

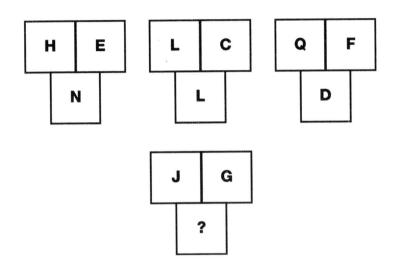

你知道 100 的十分之九的九分之八的八分之七的七分之六的六分之五的五分之四的四分之三的三分之二的二分之一，是多少吗？

第 20 题

按照逻辑规律，请填出图中问号处所缺字母。

I C J C

H ? B N

D F H ?

D O E A

请在图中问号处填入合适的字母。

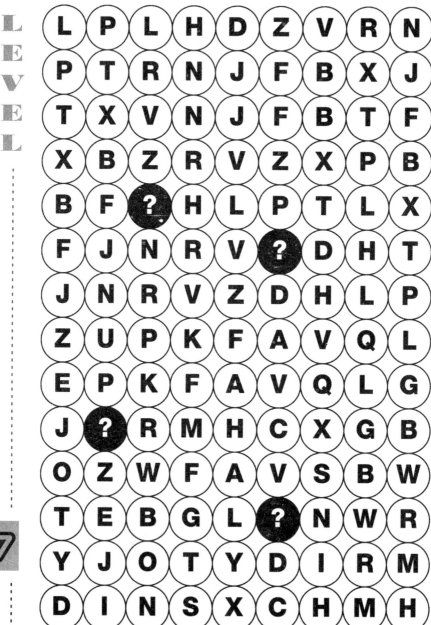

第 *22* 题

请选出合适的数字片段填入表格。

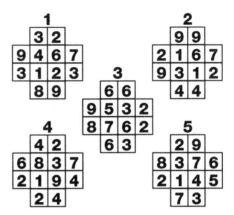

第 *23* 题

请在第三个三角形中心填入所缺数字。

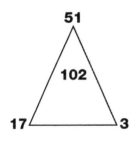
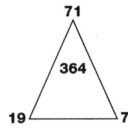
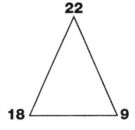

第 *24* 题

请在图形空白处，填出合适的数字。

第 *25* 题

请填出图中空白处所缺数字。

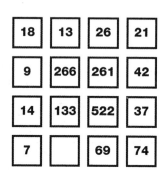

第 *26* 题

请填出链条中所缺字母。

第 *27* 题

请在圆轮空白处填入合适的字母。

第 *28* 题

请在图中空白处填入所缺字母。

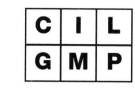

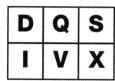

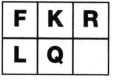

第29题

请选出合适的数字片段填入表格中。

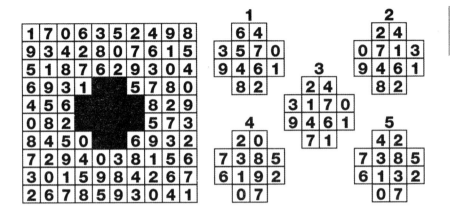

第30题

请在图中空白处填入合适的数字。

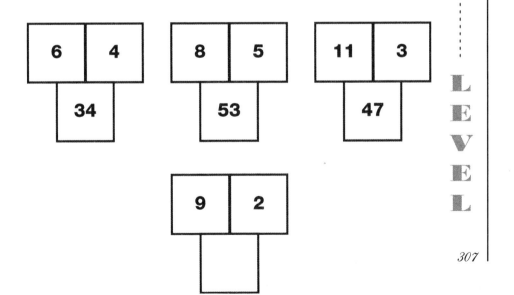

第 *31* 题

请在右下边的空白处填入合适的字母。

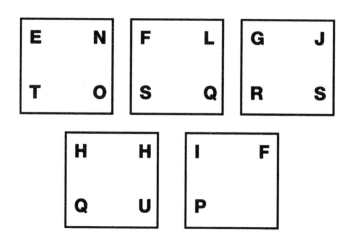

第 *32* 题

请选出符合上面图形排列规律的选项。

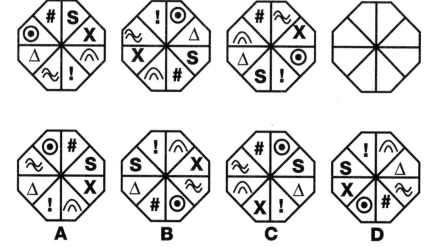

第 33 题

请在图形空白处填入合适的数字。

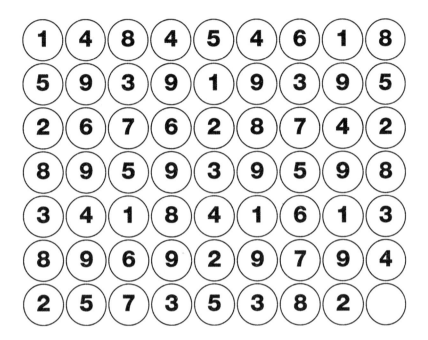

第 34 题

请填出图中空白处所缺内容。

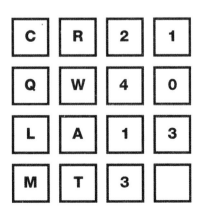

第 35 题

请按照顺序，在图中空白处填入合适的字母。

| B |
| C |
| D |
| G |
| |

第36题

请按照上面排列的规律，在下面四个表中选出合适的选项。

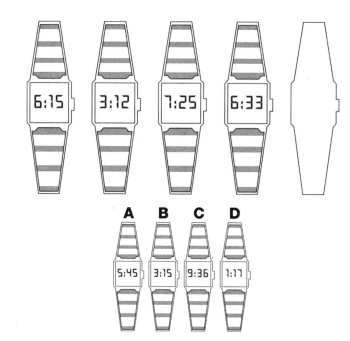

第37题

请选出符合上面图形排列规律的选项。

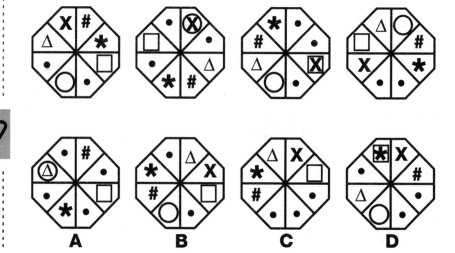

17

第 38 题

请分别在图 A 和图 B 的空白处，填出所缺数字。

A　　　　**B**

3	9	1
1		2
7		3
7	2	9

1	9	2
3		0
2		6
3	2	

2	7	0
5		0
4		5
1	9	

第 39 题

请在图中空白区域填入合适的字母。

 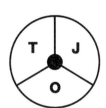 

第 40 题

请在最后的空白圆圈中，填入所缺数字。

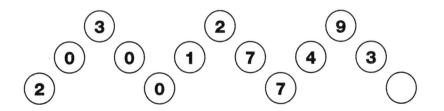

LEVEL

17

第41题

请在数列底端空白处填入合适的数字。

第42题

请填出空格所缺数字。

2	3	5
7	11	13

2	4	8
12	20	24

3	6	12
18	30	

第43题

请在圆轮空白处填入合适的数字。

第44题

请填出图中空白处所缺数字。

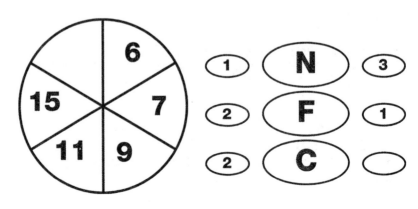

第45题

　　琼斯先生是当地的蔬菜水果商，因为商店的磅秤失重，不管用了。他是按重量卖菠萝、葡萄和苹果，其中已知香蕉是每个20美分。但是顾客布朗夫人想买一个菠萝，而琼斯先生想以同样重量香蕉的价格卖给她。他知道下图所示的组合是正确的，请问这个菠萝花了客人多少钱？

第46题

　　请填出最后的五角星中所缺的数字。

LEVEL

18

第 1 题

请填出图中空格所缺数字。

3	6	9
14	8	11

2	4	6
12	8	10

4	8	12
19	11	

第 2 题

请在空白正方形中，填入合适的内容。

C	G	K
12	10	
X	T	P

第 3 题

请按照顺序，填出数列底端所需数字。

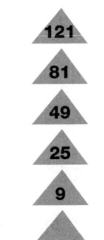

121

81

49

25

9

第 4 题

请填出链条中所缺字母。

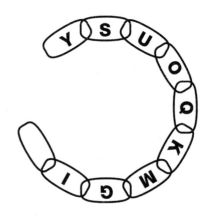

Y S U O Q K M G I

第5题

请填出图中所缺数字。

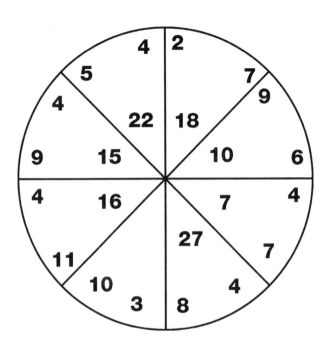

第6题

请按照顺序，从下面备选的五张扑克牌中选出合适的两张。

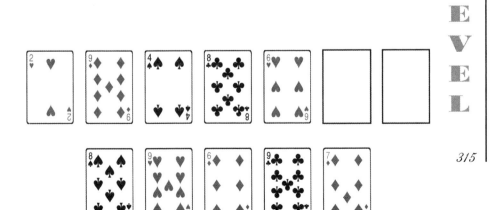

第7题

请按照顺序，填出图中所缺的两张牌。

LEVEL

18

第8题

请填出图中所缺数字。

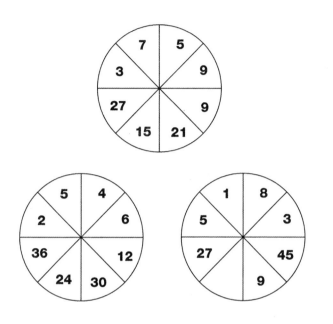

第9题

请选出图中所缺图片。

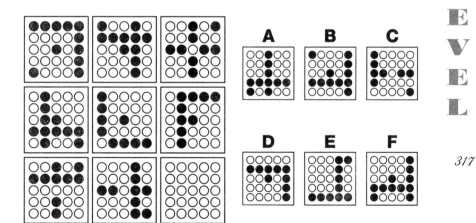

L
E
V
E
L

第 10 题

请填出图中所缺数字。

5	2
6	4

7	3
15	6

6	2
10	2

3	8
	4

第 11 题

请按照顺序，填出数列底端空白处所缺数字。

5

7

11

19

35

第 12 题

请按照顺序，在下面的手表中选出时间合适的填入上面一行。

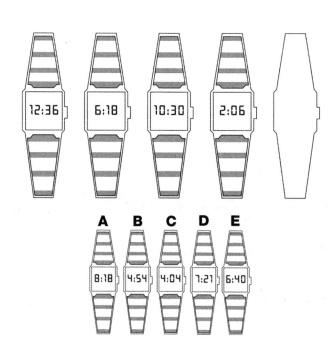

12:36   6:18   10:30   2:06

A	B	C	D	E
8:18	4:54	4:04	7:21	6:40

18

第 *13* 题

请在选项中选出合适的填入左边中心的空白处。

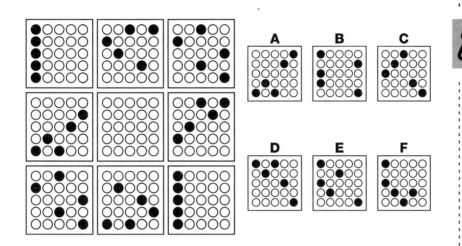

第 *14* 题

请在图中空白区域填入合适的数字。

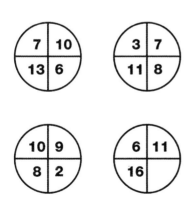

第 *15* 题

请按照顺序，在图中空白处填入合适的字母。

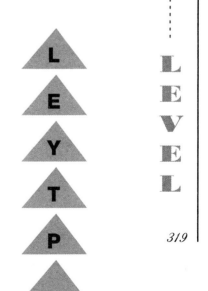

第 *16* 题

请在最后一个圆圈中，填入合适的数字。

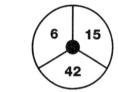 

第 *17* 题

请按照顺序，选出合适的手表。

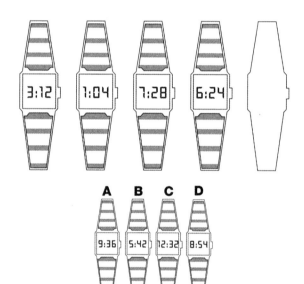

第 *18* 题

请填出图中空白区域所缺数字。

  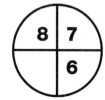

第 *19* 题

请在空白手表中填入合适的时间。

第 *20* 题

请填出最后一个三角形中所缺数字。

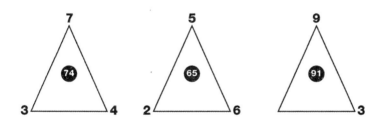

第 *21* 题

请填出图中空白处所缺数字。

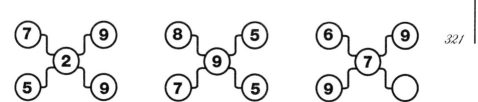

图中问号处应该是哪个图形?

LEVEL

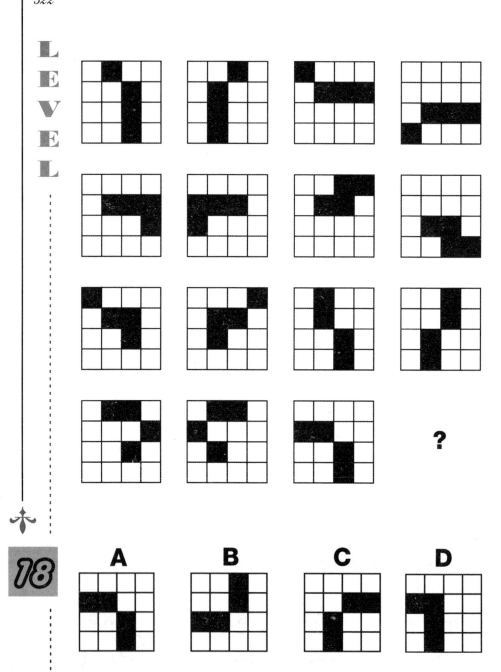

A　　B　　C　　D

18

第23题

黑色区域应该填入哪个图形？

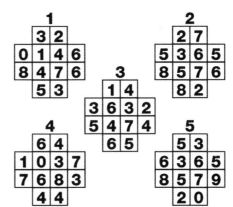

第24题

请在图中问号处填入合适的字母。

第25题

按照逻辑规律，请填出图中问号处所缺数字。

第26题

请在图中问号处填入合适的数字。

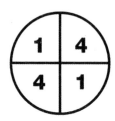

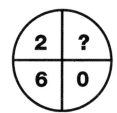

第27题

按照逻辑规律，请填出图中问号处所缺数字。

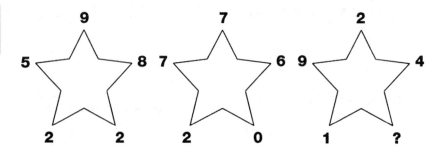

第28题

请在图中问号处填入合适的字母。

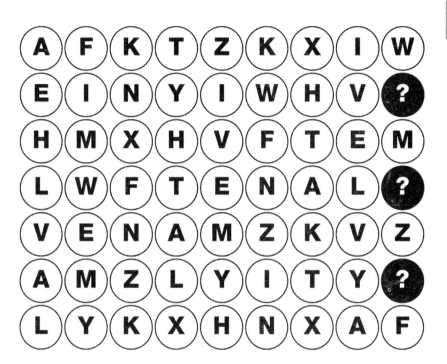

第29题

请在图中问号处填入合适的数字。

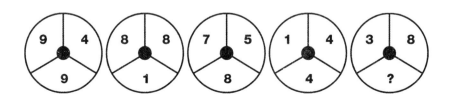

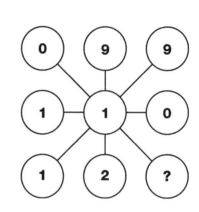

第30题

图中问号处应为什么字母?

第31题

请在图中问号处填入合适的数字。

第32题

请在图中问号处填入合适的字母。

第33题

按照逻辑规律，请填出图中问号处所缺数字。

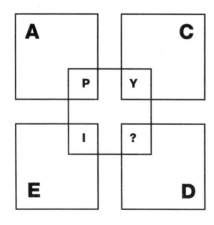

图中问号处应为哪个图形？

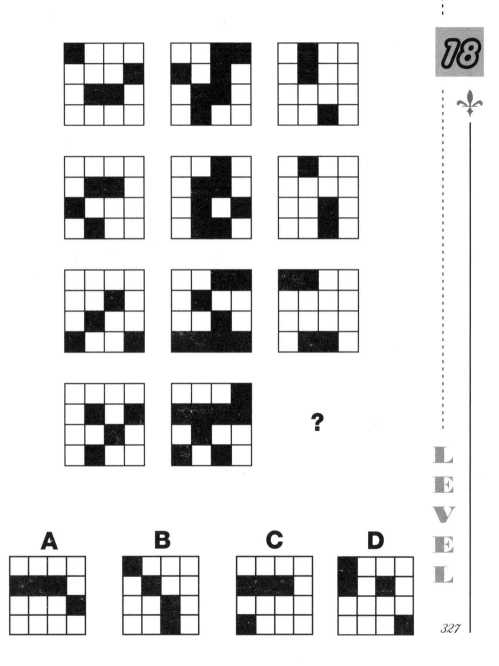

第 35 题

请在图中问号处填入合适的数字。

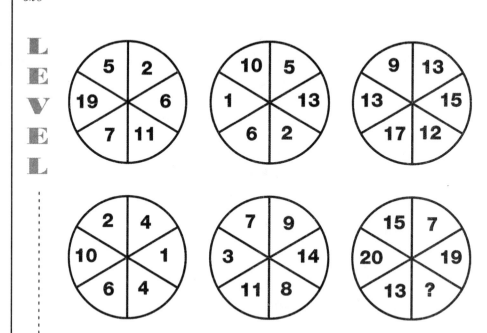

第 36 题

请在图中问号处填入合适的字母。

A	K	J
M	U	H
U	X	?

第 37 题

按照逻辑规律，请填出图中问号处所缺数字。

1	5	15	4
7	8	6	4
14	?	1	8
3	10	3	?

LEVEL

18

第38题

图中问号处应该是什么字母?

J		O		T		Y		D
	K		P		U		Z	
F		R		W		B		I
	M		E		J		E	
A		Z		X		G		N
	H		S		O		J	
V		U		C		L		S
	C		N		T		O	
Q		P		H		Q		X
	X		I		Y		T	
L		?		D		V		C
	S		F		?		Y	
G		N		I		D		?
	B		W		R		M	

第 39 题

两个算式会得出不同结果，你能改变一个数字，从而使它们的总数一样吗？

2	
8	**6**
3	**4**
1	**5**
7	**9**
21	**24**

第 40 题

下图为一个由 12 根火柴组成的等边三角形，你能移动 4 根火柴，使三角形面积减少到一半吗？如果能，那么你能从原始的图形中移动 6 根火柴把面积减少到四分之一吗？

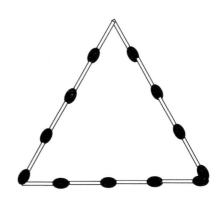

第 41 题

如果 6 个人的平均年龄是 21，而且每个人的年龄都是下一个人的一半，那么这 6 个人的年龄分别是多少？

第 42 题

请在图中问号处填入合适的数字。

①	④	④	②
②	①	④	⑨
②	⑧	⑤	⑥
③	⑤	⑥	?

第 1 题

黑色区域应该填入哪个图形?

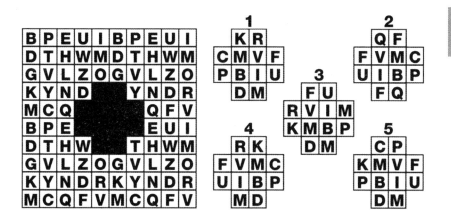

第 2 题

按照逻辑规律,请填出图中问号处所缺数字。

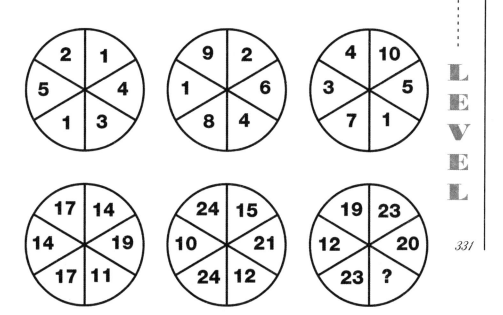

第 3 题

请从八个备选字母中，选出问号处所缺的字母。

C

T J Z

Y A Q G I

R F H X N P D

M O E U W

V L B

?

K X H T U Z S B

第 4 题

请在图中问号处填入合适的数字。

19

第5题

请在图中空白处填入合适的字母。

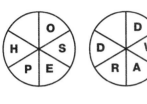

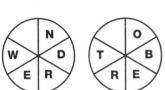

第6题

请在图中问号处填入合适的数字。

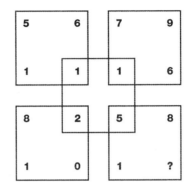

第7题

按照逻辑规律，请填出图中问号处所缺数字。

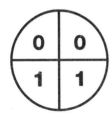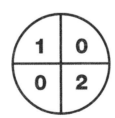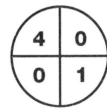

第8题

图中问号处应填入哪个图形？

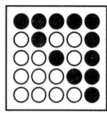 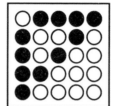 

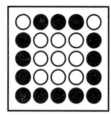 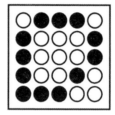 

A **B** **C** **D** **E** **F**

第9题

按照逻辑规律，请填出图中问号处所缺字母。

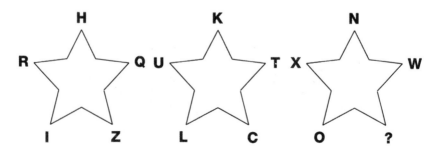

第 *10* 题

图中问号处应该是哪个图形？

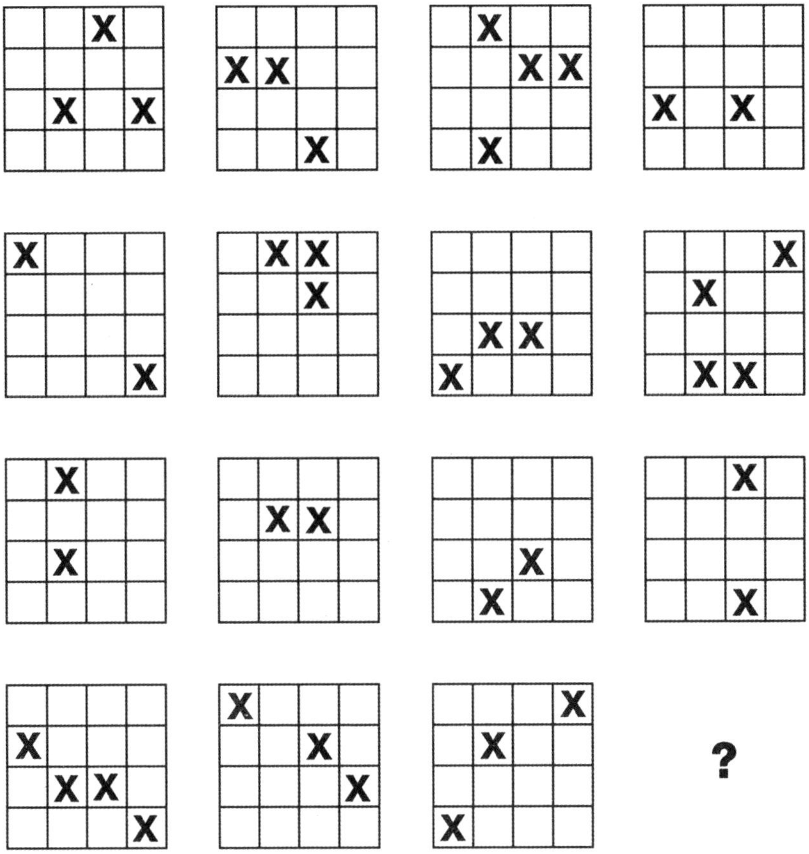

A B C D

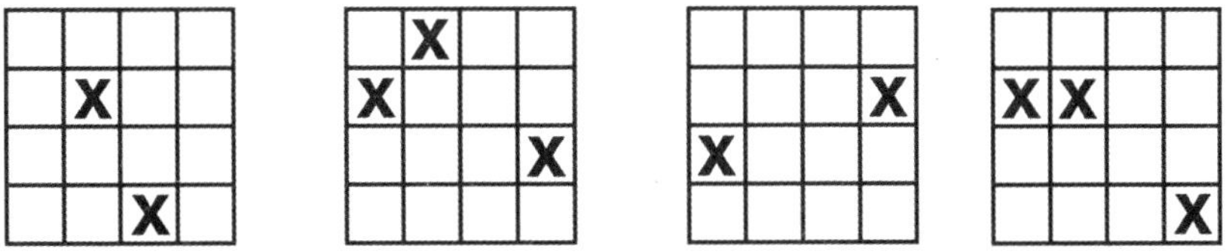

LEVEL

第 *11* 题

请在图中问号处填入合适的数字。

第 *12* 题

请在图中问号处填入合适的数字。

第 *13* 题

请在图中问号处填入合适的数字。

第 *14* 题

按照逻辑规律，请填出图中问号处所缺数字。

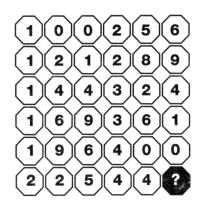

第 *15* 题

请在图中问号处填入合适的数字。

第 *16* 题

在一个马术俱乐部中，共有 100 名成员，其中 60 个为女性，80 个已婚，70 个穿黑色靴子，90 个穿黑外套。那么穿黑外套和黑靴子的已婚女性最少有几个？

第 *17* 题

请在图中问号处填入合适的字母。

L E V E L

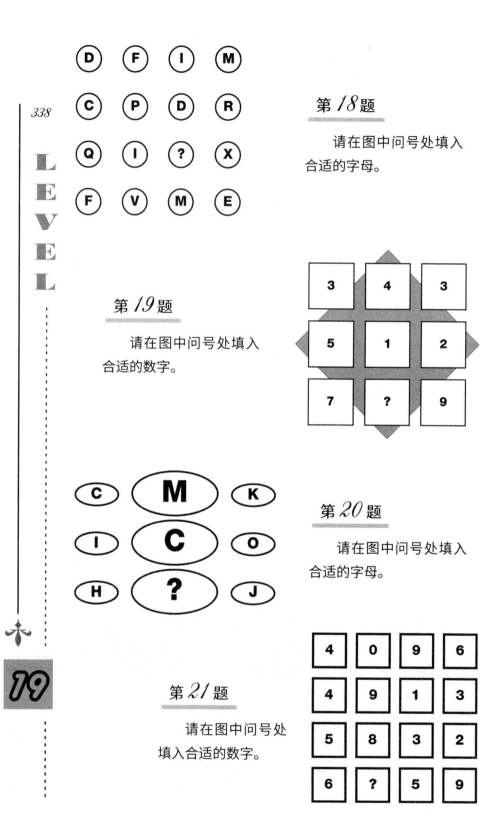

第18题

请在图中问号处填入合适的字母。

第19题

请在图中问号处填入合适的数字。

第20题

请在图中问号处填入合适的字母。

19

第21题

请在图中问号处填入合适的数字。

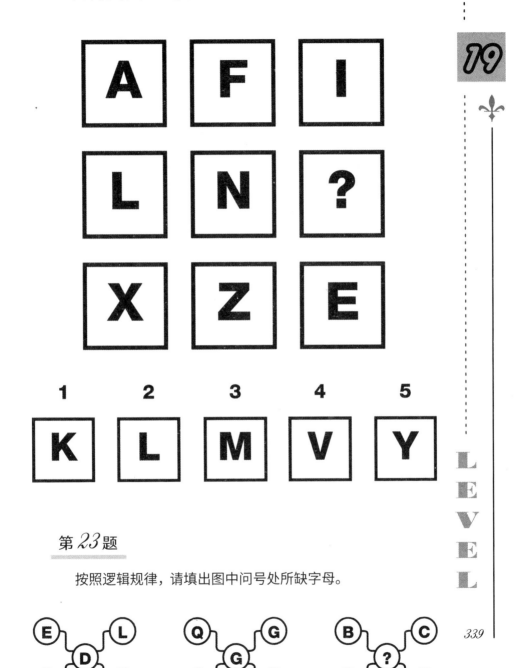

第22题

图中问号处应为哪个字母?

第23题

按照逻辑规律，请填出图中问号处所缺字母。

LEVEL

第24题

请填出网状图形中所缺数字。

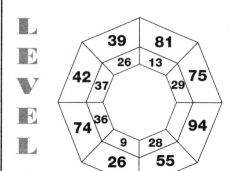

第25题

请在空白正方形中，填入合适的数字。

7	3	6
45	5	32

5	8	4
21	60	

第26题

请在最下方的空白圆圈中，填入合适的数字。

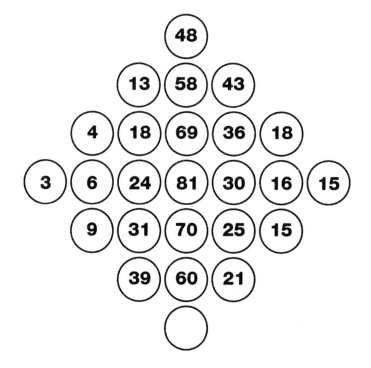

19

第27题

请在最下方空格处填入所缺数字。

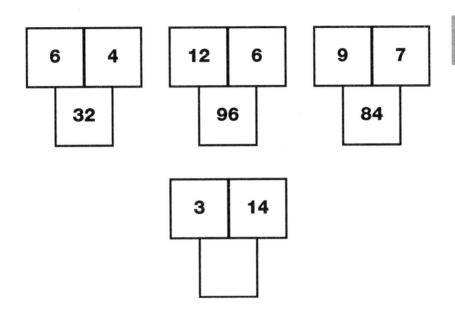

第28题

请在空白正方形中画出正确数量的小圆圈。

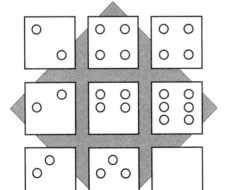

第29题

请填出空白处所缺数字。

10

15

25

35

LEVEL

19

第30题

请在空格中填入合适的字母。

第31题

请填出空白圆圈中所缺数字。

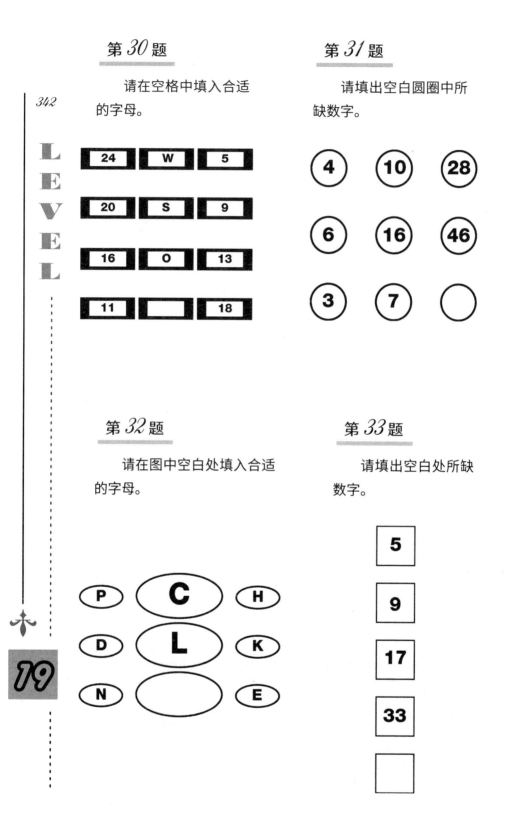

第32题

请在图中空白处填入合适的字母。

第33题

请填出空白处所缺数字。

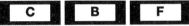

第 *34* 题

请在空格中填入合适的字母。

C	B	F
G	G	L
K	L	R
O	Q	

第 *35* 题

请按照顺序，在空白处填入合适的数字。

3

8

18

38

第 *36* 题

请选出空白圆圈中所缺字母。

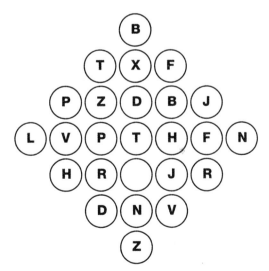

第 *37* 题

请填出空白手表中的所示时间。

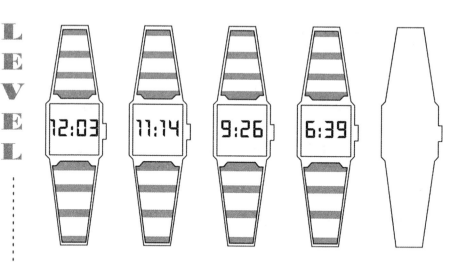

第 *38* 题

请在空白圆圈中填入合适的内容。

第 *39* 题

请填出图中空白处所缺数字。

第 *40* 题

有四个人去供应中心大厦为他们所管理的建筑工地的工人买一些工具，其中克里斯买了 3 个螺丝刀，4 把斧子和 5 个锯子，一共花了 9.7 美元；卡尔为他的木匠买了 4 个螺丝刀，5 把斧子和 3 个锯子，一共花了 9 美元；查理花 8.9 美元买了 5 个螺丝刀，3 把斧子和 4 个锯子。科林负责的是一个比较小的建筑工地，而他的钱不多，但是他仍需要买 1 个螺丝刀，1 把斧子和 1 个锯子。

请问科林不得不花去多少钱？

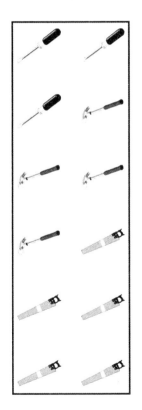
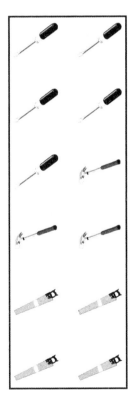
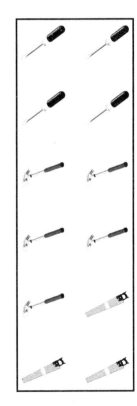

第 *41* 题

请按照顺序，从下面六个小方框中选出合适的选项。

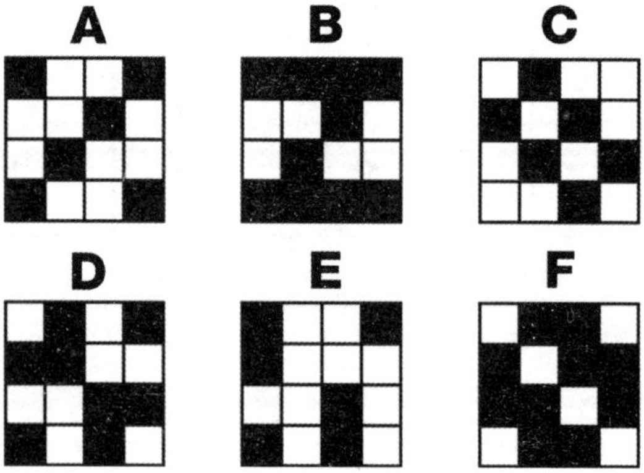

L
E
V
E
L

A

B

C

D

E

F

第 *1* 题

请按照顺序，在图中空白处填入合适的字母。

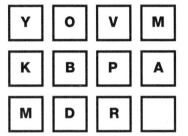

Y	O	V	M
K	B	P	A
M	D	R	
Z	P	W	

第 *2* 题

请在图中空白处填入合适的数字。

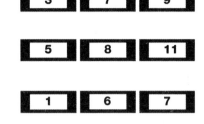

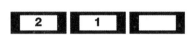

3	7	9
5	8	11
1	6	7
2	1	

第 *3* 题

请填出空白圆圈所缺字母。

B　D　G

K　T　K

C　○　P

第 *4* 题

请填出圆心处所缺数字。

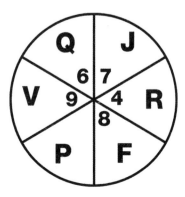

347

L E V E L

20

第5题

请在问号处填入合适的数字。

32
162
8
98   18
128   2   50
?

第6题

请填出空白处所缺数字。

199

280

344

360

396

第7题

请在空白圆圈中画出合适图形。

第 *8* 题

请在空白圆圈中填入合适的数字。

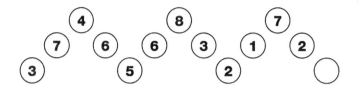

第 *9* 题

请在最后两个空格中填入合适的数字。

A   **B**

7	8	8
9		0
9		8
4	6	0

1	9	2
9		0
7		6
2		9

8	8	8
2		1
7		8
6		7

第 *10* 题

请填出空白圆圈中所缺数字。

3	7	8	6	1	9	1	2	9
5	8	1	3	2	8	3	2	6
4	1	7	2	5	7	4	4	9
7	3	4	9	7	5	2	5	4
6	6	9	1	3	8	8	7	2
1	6	1	8	6	3	7	2	2
6	9	6	3	8	8	3	2	

第 *11* 题

请按照顺序，填出最后一张多米诺骨牌。

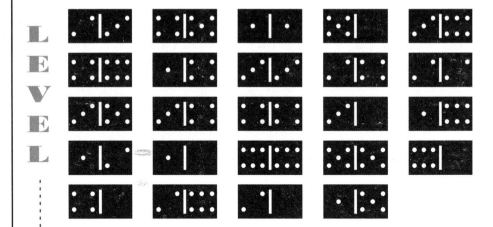

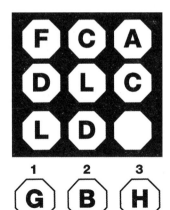

第 *12* 题

请在左图下面三个字母中选出合适的一项填入空白处。

第 *13* 题

请按照顺序，在图中空白处填入合适的字母。

E	H	L	V	E	M
F	K	T	Z	L	X
I	N	Y	K	W	F
M	X	I	V	E	K
W	H	T	Z	I	M
F	N	Y	H	L	

第 *14* 题

请按照逻辑，在空格内填入合适的数字。

2	9	3	7	6	8
7	1	5	2	0	7
8	5	4	2	9	3

8	8	2	3	9	8
6	5	1	5	4	8
3	5	6	9	5	

第 *15* 题

在请按照顺序，空白处填入合适的字母。

B	D	G	B	A	F
G	D	C	H	H	D
E	F	G	F	E	B

F	D	C	F	H	H
G	D	A	C	C	H
D	C	G	G	F	

第 *16* 题

请选出与其它图形特征不同的一项。

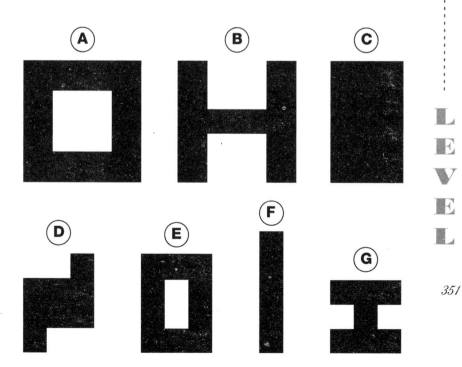

请填出图中最后一行所缺字母。

B	J	F	F	L	Z	T	R	F
K	D	G	K	A	S	S	D	I
C	H	J	B	R	T	C	J	Q
I	H	C	Q	U	B	K	P	Z
G	D	P	V	Z	L	N	A	B
E	N	W	Y	M	M	B	Z	Q
M	X	X	N	L	C	Y	R	L
Y	W	O	K	D	X	S	K	J
V	P	J	E	W	T	J	K	S
Q	H	F	V	U	H	L	R	E
G	G	T	V	G	M	Q	F	X
H	S	W	F	N	P	G	W	B
R	X	D	O	N	H	V	C	Z
○	○	○	○	○	○	○	○	○

第 *18* 题

请在图中问号处填入合适的字母。

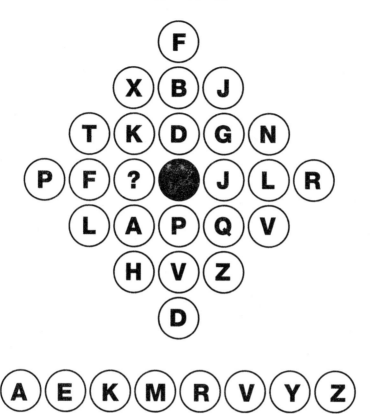

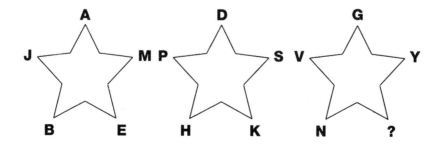

第 *19* 题

图中问号处应为哪个字母？

A
J   MP
B   E

D
S V
H   K

G
Y
N   ?

第20题

图中问号处应为哪个图形?

A 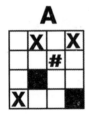　　**B** 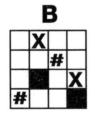　　**C** 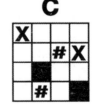　　**D**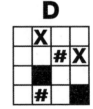

第 *21* 题

图中空白处应为哪块手表？

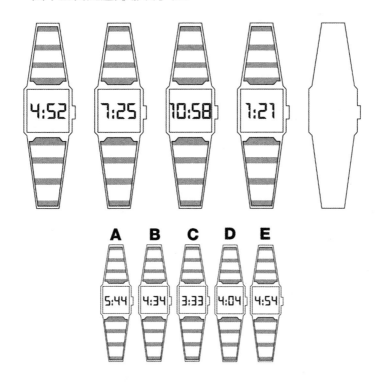

第 *22* 题

图中问号处的数字应是什么？

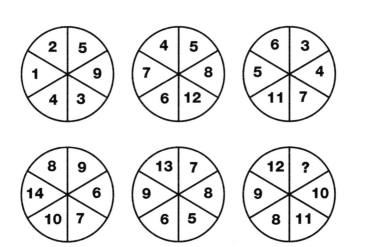

第23题

按照逻辑规律，请填出图中问号处所缺字母。

B	C

E	A

F	D

J	B

L	H

?	?

第24题

请在图中问号处填入合适的数字。

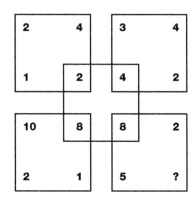

第25题

请在图中问号处填入合适的字母。

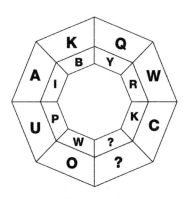

第26题

请在图中问号处填入合适的数字。

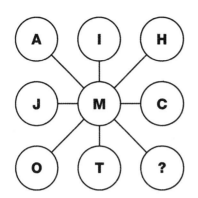

第 *27* 题

图中问号处应填入什么字母?

第 *28* 题

请在图中问号处填入合适的字母。

第 *29* 题

请在图中问号处填入合适的数字。

第 30 题

请在图中问号处填入合适的数字。

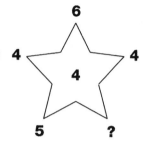

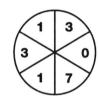

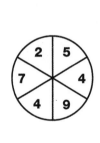

第 31 题

请在图中问号处填入合适的数字。

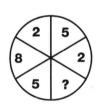

第 32 题

按照逻辑规律，请填出图中问号处所缺数字。

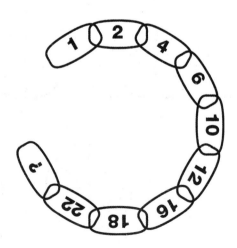

第 *33* 题

请在图中问号处填入合适的数字。

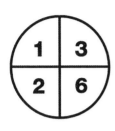 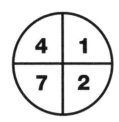 

 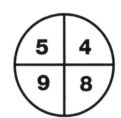

第 *34* 题

图中问号处的字母应该是什么？

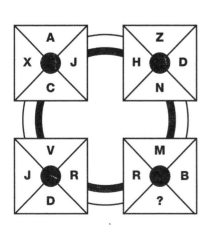

第 *35* 题

按照逻辑规律，请填出图中问号处所缺字母。

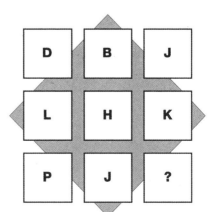

L E V E L

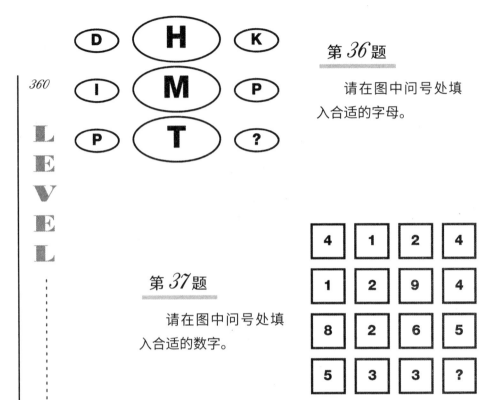

第 36 题

请在图中问号处填入合适的字母。

第 37 题

请在图中问号处填入合适的数字。

4	1	2	4
1	2	9	4
8	2	6	5
5	3	3	?

第 38 题

图中问号处应为哪个图形?

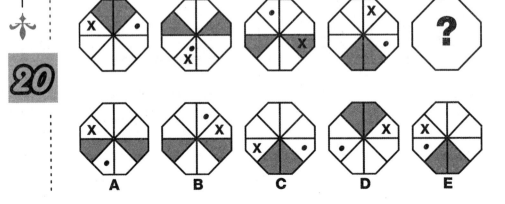

图中问号处应为哪个图形?

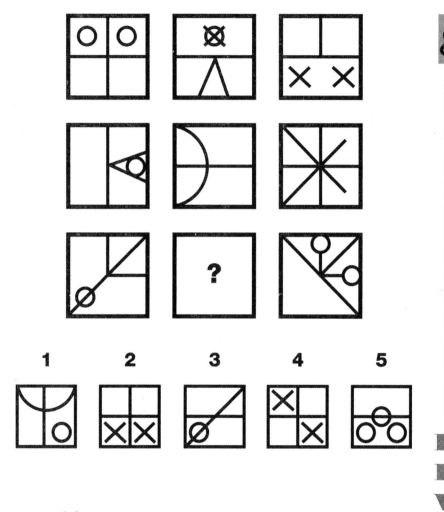

1 2 3 4 5

按照逻辑规律，请填出图中问号处所缺字母。

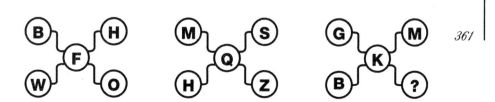

答 案

Level 1

1：7

沿着每条经过中心的直线，用上面一行的数字减去中间的数字，所得结果即为下面对应圆圈中的数字。

2：7

把每行左边和右边的数字相加，所得结果就是中间两个方框的两位数字。

3：9

每一行的中间数字是该行左右两个数字的平均值。

4：G

将每一行左右两个字母代表的数值相乘，所得结果即为中间的数字。

5：8

在每一个三角形中，用顶端数字除以左下角的数字，然后再加上右下角的数字，最后得到该三角形中心的数字。

6：7

每一个梯形中内环与外环的数字相差9，而且大数与小数内外交替出现。

7：5

每一行的中间数字是该行左右两个数字的平均值。

8：C

在每个图形中，按照顺时针方向，字母之间的间隔为中心字母在字母表中的对应数值。

9：25

从左上角数字7开始，沿顺时针方向，每一个数字加6即为后面的数字。

10：N

每一行从左到右，按照字母表的顺序，第一行字母间相隔一个字母，第二行相隔两个，第三行相隔三个。

11：7

每一行和每一列的三个数字相加都得15。

12：K

以Z形走动，按照字母表顺序，从左上端开始每两个字母间依次相隔一个字母，两个字母，三个字母……，依此类推。

13：A

从左向右依次相隔二十四分钟。

14：G

每一个图形中，外围的数字都是中心字母所代表数值的倍数。

15：9

在每一列中，每一个数字的两倍减1即为它下面的数字。

16：50

从左到右，每一个数字的两倍减2即为其后面的数字。

17：W

从左边开始，每两个字母之间相隔的字母依次是2个，3个，4个，5个。

18：28

从上到下，相邻数字差依次是3，4，5，6……

19：81

从上到下依次为5，6，7和8的平方。

20：A

从左到右，两处阴影部分沿着相反的方向，每次各转动一个扇形区域；黑点则按照逆时针方向，每次转动一个扇形区域。

21：F

上面一行的每个图形转动180°，即为下面所对应的图形。

22：方片4

每一行中黑牌相加为7，红牌相加为8，而且四张牌花色各不相同。

23：2

图表中间一行的每个数字是其相邻两数字之和。

24：1

从左上角开始，按顺时针方向，每个圆形内的数字之和依次是6，7，8，9。

25：I

从左上端开始，顺时针螺旋式转动至中心，按照字母表顺序，前后两字母间都相隔一个字母。

26：

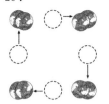

27：3

首行数字相加所得结果为中间行的左边数字，底行数字相加即为中间行的右边数字。

28：

每一列中，从上到下，最后一个圆形是上面三个圆形相加，如果一片扇形阴影部分出现在前三个之中，那它在最后一个圆形中仍是同样的位置；如果前三个中有两片出现在同一位置，则互相抵消变为白色；如果前三个在同样的位置都有阴影，则保留。

29：

从左向右，上下点数相加依次为2，4，6，8，10，12。

30：6

每一个正方形底部的数字是其它三个数字之和。

31：C

在每一行字母中，中间字母对应的数值是左右两个字母所对应的数值之和。

32：71

前两个数字相加等于第三个数字，以此类推。

33：23

每一纵列的前三个数字相加推算出第四个数字。

34：P

在每个圆圈中，字母按顺时针顺序转动，并且每相邻两字之间的间隔数逐渐递增。

35：4

每一纵列数字相加为9。

36：

37：X

每相邻两个字母之间的间隔数依次是4，5，6，7。

38：U

在纵列中，下面字母的数值等于其它两个字母数值之和。

39：8

根据每一行的计算，左边数字和中间数字之和是右边的数字。

40：9

在每一行中，左边数字与中间数字之和是右边的数字。

41：3

在每一行中，右边数字等于左边和中间数字差的一半。

42：1

上下两行分别计算，左边数字加上每行中间的数字，再减去中间的数字，就算出了右边的数字。

43：4

每一行数字之和是14。

44：

注意每一列，从上往下看，每下一格脸就少一个部位，笑脸与苦瓜脸交替进行。

45：5

将每一行的前两个数字相加，然后乘以2，就得到了右边的数字。

46：23

从上到下，注意每一行数字，这些数字是按照质数列排序的。

注：质数是指只能被自己和1整除的数。

47：2

周围每一个正方形都与中间的正方形重叠了一个数字，而未重叠的那三个数字之和除以重叠的那个数字，都等于6。

48：1=P，2=J

其它那些字母都只含有直线。

49：36

在右面区域的数字，等于它对角区域数字的平方。

50：R

从每一组左下字母开始，按逆时针方向转动，每个字母都是以中间的数值间隔开的。

51：M

每一组对角线两端的字母，都是以中心的字母为中间点的。

52：11

每一行的第一个数字的二分之一加上中间数字的两倍，就等于右边的数字。

53：5

第一行的前三个数字之和等于最右边的数字，而第二行则是后三个数字之和等于第一个数字，以此类推。

54：不正确

因为随着水平面的升高，指示器反而指向了"干旱"。

55：X

中间一列的字母是左右两边字母的中间字母。

56：P

两个字母中间的数字是这两个字母数值之和。

57：A（纸牌花色不限）

在经过图中心的一条水平线、一条垂直线以及两条对角线两端的牌的点数值之和都等于12，即中间牌的点数。

58：E&S

从左边开始，从上往下每两个字母间隔为2，右边也是从上往下计算。

59：

在图中按Z形从左到右，这个圆点先是按逆时针顺序旋转1个扇形区域的，然后再按逆时针顺序旋转3个扇形区域走的。

60：1

在每一个圆圈中，最下端的数字是上面两个数字的平方和。

61：K

每一颗五角星里的字母都是以顺时针方向，按一定字母间隔顺序排列的。左边这颗星的间隔是3，中间是4，右边是2。

62：W&E

在每一个圆形中，左上角的字母数值加上5就能推算出左下角的字母。同理，右上角字母所对应数值加上2得出右下角字母。

63：7

在每一行中，中间数字等于左右两个数字之和。

64：17

这个数字链是按照质数列的顺序排列的。

65：J

在每一行中，右侧字母数值等于前两个字母所对应数值之差。

66：23

从左上角开始，以顺时针方向，分别加3，2，1，按此规律，得到下一个数值。

Level 2

1：

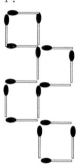

2：会上升

3：48

数字间隔为 2，4，8，16。

4：3

在每一行中，将左右两个数字相加取平均值，即中间的数字。

5：U

在每一行中，将左边字母与中间字母对应的数值相加，所得数字即是右边字母所代表的数值。

6：9

不论每行、每列还是对角线上的数字相加都是 15。

7：2

把字母对应数值相加，刚好等于下面所显示的两个数字。

8：G

每一颗五角星中的字母都是按顺时针方向排列的，而且相邻字母间排列的规律是以中间字母所对应的数值为间隔的。

9：Z

字母对应数值的间隔是 12，于是推算出答案是字母 Z。

10：R

按纵列计算，将最上面的字母数值与中间字母所代表的数值相加，就可得出最下面的字母。

11：2

在每一个三角形中，将底边两个数字相加，再与顶角数字相乘，就得到中间的数字。

12：7

在每一行中，中间的数字等于右边的数字乘以 2 加上左边的数字。

13：H

每一个正方形里的字母都是按照顺时针排列的，而且相邻字母的间隔是以中间正方形中的字母数值为依据的。

14：

根据规律，中间的图形是由左边图形和右边图形叠加出来的。

15：81

从上往下看，第一个数字减去它本身各个位置上的数字之和，就得到了下一个数字，比如 123-（1+2+3）=117，以此类推。

16：A

在每一行中，黑色圆点是按顺时针方向，围绕四个角排列的；＃号是按照纵列从上往下排列的；△形则是按逆时针顺序，在中间四个小正方形中排列的。

17：7

将上面两个数字相加，然后将下面的两个数字相加，再将这两个和作差就得到了中间的数字。

18：4

每一行左边和中间的图相加可以得到右边的图

19：14

从左边开始，将每一个数字都乘以2再加上2，就得到了第二个圆中相应位置的数字，以此类推。

20：

21：8

纵列数字相加得14，对角线相加也得14。

22：8

在每一个圆中，奇数之和加1等于偶数之和。

23：34

按照顺时针顺序，从3开始，先乘以2再减去2，就得到下一个数字。

24：72cm

25：13

按照顺时针顺序，前两个数字相加得到后面的数字。

26：T

分别将左边字母和右边字母所对应的数值相乘，就可得到中间字母对应的数值。

27：13

按照纵列，从左到右，每一列的数字都是按照质数顺序排列的。

28：C

在每一行中，从左到右，@是按照顺时针方向，在中间四个小正方形中排列的；△则是按照顺时针方向，在外围的正方形中以间隔为2的单位排列；＊则是按照逆时针方向，在外围的正方形中以间隔为2的单位排列的。

29：7

在每一个圆中，数字之和都是34。

30：S

下面字母对应的数值等于上面两个字母数值之和。

31：Z

从字母C开始，按照顺时针方向，相邻字母间的数值间隔交替为5和4。

32：M

按照纵列，下面的字母数值是上面和中间的字母数值之和。

33：7

从上到下，每行数字相加结果依次是10，15，20，25，30。

34：F

所有图示中的黑点都是左右对称的。

35：指向2（6:10）

从顶端开始，沿顺时针方向时间依次增加1小时20分钟。

36：2

每个圆形中，上半部分两个数字相加，所得结果填入下面两个扇形中。

37：H

从左上角字母开始沿第一列向下，然后沿着第二列上升，最后顺着第三列向下至右下角，按照字母表的顺序，每两个相邻的字母间相隔 5 个字母。

38：4

每一行中，将中间数字平方，所得结果分为两部分填在其左右的椭圆中。

39：S

每一个图形中按照顺时针方向旋转，前后相邻两字母对应数值的增加值相同，从左到右依次是 3，4，5。

40：J

从左到右，每个三角形相同位置的字母间隔分别为 4，5，6，7，当计算到字母 Z 时，再重新开始从字母表首字母 A 循环。

41：J

每一列中，上面两个字母所代表的数值相加结果为第三个字母所代表的数值。

42：9

首行数字分别与中间数字相加，结果为对应的底行数字。

43：A

从字母 L 开始，沿着顺时针方向，每次字母向前移动 5 个字母。

44：3

三角形每一边数字之和为 15。

45：62

从上到下，每个数字加上 1，再乘以 2，结果为其下面的数字。

46：2

每一列三个数字之和为 17。

47：D

从左向右，每两只相邻的表显示的数字之和相差 2。

48：5

每一行中，从左到右，将第一个方框内最外层的图形移到最里层成为第二个方框内的形状，然后再将其向外移一层即插在其它两个图形之间，成为第三个方框内的图形。

49：5

每个图示中，从左上方开始，周围数字按照顺时针方向，依次以中心数字为单位递增。

50：H

左边一列字母从上到下，右边一列字母从上到下，按照字母表中的顺序排列，每个字母依次向前移动 4 个字母。

51：40

每行中的三个数字都是同一个数的倍数，从上到下依次是 3，4，5。

52：49

从左到右依次是 7 的 3 倍，4 倍，5 倍……

53：6

首行三个数字连在一起合成一个三位数，然后用它减去中间的数字，其结果为底行的三个数字合成的三位数。

54：H

每一个三角形从顶点沿着顺时针方向，左边三角形相邻字母间相隔 2 个字母，中间三角形相隔 3 个字母，右边三角形相隔 4 个字母。

55：分针指向 4

从顶端的表开始，按照顺时针方向，时针依次增加 3 小时，分针依次后退 20

分钟。

56：X

从左上端的圆形开始，按顺时针方向观察其它三个圆形，圆形中每个字母所代表的数值加2，结果是下个圆形中该位置的字母所对应的数值。

57：78

从左端开始，每个数字的两倍加上2即为后一个数字。

58：M

从A开始顺时针方向，相邻字母间相隔两个字母。

59：

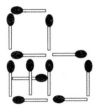

60：3

先把底行的相邻两个数字相加，结果放入第三行对应的空格中，然后将第三行中相邻的两个数字相减，结果放入第二行的空格内，最后将第二行的两个数字相加，结果放入最顶层的空格之中。

Level 3

1：10:25

从顶端的表开始，按照顺时针方向，分针依次前行10分钟，时针依次后退1小时。

2：上面O, P, 下面R, Q

从左上端开始，2×2组合，每组四个字母按照顺时针方向排列，即为字母表顺序。如此从左到右，从上到下，按照字母表顺序依次排列。

3：3

从左到右，从上行到下行，每个圆形内数字之和为5的倍数，依次排列。

4：18

从上到下，前两个数字之和即为下一个数字。

5：19

每行数字之和为19。

6：8

每一列数字中，底行数字为上两行数字之差。

7：1

每一行数字中，中间数字为左右两数字之和。

8：E

每个图形围绕中心点旋转180°后，图形不变。

9：5

每一个图示中，上面两个数字的平均数与下面两个数字的平均数都是中间的数字。

10：5

每一个三角形中，顶端的数字减去两个底边的数字其结果就是三角形中心的数字。

11：63

每一行为同一数字的倍数，从上到下依次是 7，8，9。

12：4

将每一行的两个数字合为一个数，从上到下依次是 3，4，5，6，7，8 的平方。

13：26

从数字 5 顺时针方向，依次增加 6，7，8，9……

14：4

每一行中，左边数字为右边两数字之和。

15：3

每一列的三个数字之和为 17。

16：5

九个圆形分为三组，顶端三个为一组，以相同结构的左下方三个圆形为一组，同理右下方三个圆形为一组，每组中顶端数字为底端两数字之和。

17：5

沿着经过中心的直线，将首行的数字分别与中心数字相乘，结果填入底行对应的空格中。

18：4

每一行中，中间数字为左右两数字之差。

19：31

底行相邻两个数字之和即为两者之上的数字，依此类推。

20：343

从左到右是 3-7 的立方。

21：C

每一行中，左右两图形叠加即为中间的图形。

22：57

从左端开始，第一个数字加 3 为第二个数字，第二个数字加 6 为第三个数字，第三个数字加 3 为第四个数字，第四个数字加 6 为第五个数字……依此类推，加 3 与加 6 相互交替。

23：从左到右依次为：方片 2，红桃 5，红桃 A，黑桃 A

每一列中，前三张牌点数之和与后三张牌点数之和相同，都是中间那张牌的点数。每一行中，除黑桃外，其它花色都有两张牌。

24：13

从左到右为质数的排列顺序。

25：

26：1:Q，2:R

第一个椭圆中所有字母代表的数字为偶数，第二个椭圆中则全为奇数。

27：24

从 6 开始按顺时针方向数字依次增加 6。

28：G

在每一个三角形中，底边左角的字母数值与顶角字母所代表的数值之和，等于底边右角的字母数值。

29：29

图形中，三个字母数值之和，等于中间的数字。

30：K

两个纵列字母都是按照字母表排列的，左边字母在书写中有弯曲的地方，右边字母没有弯曲的地方。

31：6 个油漆匠

32：F

在每一个图形中，对角字母数值之和相等，其中左边圆圈中对角字母的数值之和是 16，上面圆圈中对角字母的数值之和是 17，下面圆圈中对角字母的数值之和是 18。

33：60

在中间圆两端的圆中两个数字相乘都等于中间的数字 60。

34：9

外面正方形四个角的数字之和与中间正方形四个角的数字之和相等，都是 35。

35：6

所有正方形内四个数字之和（包括中间的正方形），都是 15。

36：3

按图中纵列顺序，上方的数字除以中间的数字，就得到最下面的数字。

37：12

从上往下看每一对数字，第一对数字之和等于第二对的左边数字，之差就是右边数字，依次类推。

38：2

每一行数字相加都等于 11。

39：W

在每一行中，从左到右，每一个字母是以所对应的数值排列的，这 9 个数字分别是前 9 个质数。

40：红桃 A

在每一行中，红色牌的点数与黑色牌的点数相同，且每一行的四张牌的花色不同。

41：5

在每一个五角星中，三个字母数值之和是由下面的两个数字构成的。

42：T

字母是按照字母表顺序排列的，并且图中字母在书写时都没有弯曲之处。

43：8

在每一行中，中间数字是左右两个数字之差。

44：5

每一对角的区域中数字之积是 60。

45：F

在每一纵列中，最上面字母与中间字母所对应的数值之差，即可得出最下面的字母。

46：22

中间数字等于底边两个数字之和减去顶角的数字。

47：43

数字是按照顺时针方向，以质数 2，3，5，7，11 等为间隔排列的。

48：F

是按照顺时针方向，以字母所对应的数值为依据排列的，且数字间隔分别为 1，2，3，4，5。

49：2

在每一个圆中，左边数字减去右边数字，再减去1就得出了下方的数字。

50：6

周围数字之和等于中间的数字。

51：3

在第一组字母中，左边字母所对应的数值与右边字母倒序时所代表数值之和，等于第二组所显示的两个数字，以此类推。

52：T

对角区域中的字母，在正序和倒序字母表中的位置相同。

53：6

在每一行中，将第一个数字与第二个数字相加，再减去1就得出了第三个数字。

54：8

这个数列规律如下：先将第一个数字乘以2，得出第二个数字，再将第二个数字加1就得出第三个数字，以此类推。

55：A=12，B=25

12在第一组中是唯一的偶数；25是第二组中唯一的奇数。

56：4

在每一纵列中，数字之和都是16。

57：5

在每一组中，数字都是按照顺时针方向，以中间的数字为间隔排列的。

58：E

在每一行中，左边字母数值与中间字母数值之差，可得出右边的字母数值。

59：L

直线两端的字母，在正序和倒序的字母表中的位置是一样的。

60：16岁

61：26

按照顺时针方向，图中数值是以质数乘以2的顺序排列的。

62：0

在每一组中，将三个字母所代表的数字相乘，所得出的数字与下面三个数字组成的三位数相同。

63：3

在每一行中，中间数字等于左右两个数字之和。

64：Q

在每一个圆中，字母都是按照顺时针方向排列的，从左到右，每一组字母数值的间隔为别为7，6，5，4，3。

答案。

Level 4

1：C

黑色圆点按逆时针旋转，方块在上下移动，灰色三角按照顺时针旋转。

2：10

在每一行中，中间数值于左右数字之差。

3：3

将第一组字母所代表的数字相加，可得出下面方框中的数字。

4：

在每一行中，右边的图形是由左边图形顺时针旋转90度，加上中间图像逆时针方向旋转90度得出的。

5：4

在每一个图形中，左边数字之和除以右边数字之和就得出了中间的数字。

6：0

从左下方的字母开始，按照顺时针方向，以螺旋形的方式排列的，字母对应数值的间隔分别为9，8，7，6等等。

7：25%

8：21

数字由上至下的间隔分别为5，4，3等。

9：2&0

每一组字母下的数字，分别表示左边字母在字母表中顺序的数值和右边字母在字母表中倒序的数值。据此得出

10：19

中间纵列的数字，等于它所在行的其他数字之和。

11：0

从左往右，从左下开始按照逆时针的方向处于三角形中同一位置的三个字母，对应数值间隔分别为7，6，5。

12：5

在每一行中，将左右两边数字相加，乘以2，再除以2就得出了中间的数字。

13：P

在每一组图形中，每一个字母与其下面字母数值之和相同。

14：14

从左上角的圆形开始，这五个圆是呈"W"形排列的，而每一个圆中，相同位置的数字间隔分别为2，3，4，5。

15：Y

在每一个圆中，左边字母、右边字母还有下面字母对应数值间隔都为10。

16：2

在每一纵列中，将上面数字与下面数字相乘，结果刚好就是中间的两个数字。

17：

18：R

最上面一行和最下面一行字母所对应的数值间隔为1。

373

SOLUTIONS

19：49

在三个三角形中，处于相同位置的数字之和都为 100。

20：54

对四边的正方形来说，处于中间正方形中的数字为其它三个数字的平方和。

21：红桃 7

在每一行中，将左边牌和中间牌的点数相加为右边牌的点数，且左边牌与右边牌花色相同。

22：Q

从每一个三角形的顶角字母数值开始，按照顺时针顺序，每一个字母的数值间隔为中间数字加 2。

23：5 个技工，还剩一点时间。

24：4

25：42

从上往下，前一个数字乘以 2 再减去 10 就得到了下一个数字。

26：54 或 6

图中对角区域的两个数字成 3 倍关系。

27：3

在每一组中，将上方 6 个数字组成的 6 位数与中间的六位数相加就得出了下方的六位数。

28：

29：A

利用字母对应数值，图中每一对角的四个字母数值之和都是 19。

30：1=L，2= E

其它字母都是三条线构成的。

31：M

每一个梯形中，内层和外层字母所代表的数值之和为 26。

32：12

每一行中，左边数字加 4 为中间的数字，中间数字加 6 为右边的数字。

33：E

从字母 Q 开始顺时针方向，字母按照字母表顺序依次倒退 3，4，5，6 位……

34：4

每一列中，上面两个数字相乘结果是底行的数字。

35：D

从左到右，自上而下，图示中黑点的数目从 8 到 13，依次增加 1 个。

36：4:47

从左端开始，表中显示的每个数字加 1，然后整体向左移动一位，就是下一只表所显示的时间。

37：1

首行的每个数字与中间数字之差为底行连线所对应的数字。

38：W

图中字母对应数值，从上到下，加5，加3相互交替。

39：J

从字母 B 开始顺时针方向，前两个字母代表的数值之和即为下一个字母所代表的数值。

40：K

从左向右，字母所代表的数值按质数的顺序排列。

41：G

从左边的三角形开始，三个角上每一个字母分别在字母表中前进 2，3，4 位，然后顺时针旋转一位，即是下一个三角形。

42：从上到下：5，2，3

每行 8 个数字包含四个两位数，第一行的四个数为 4 的倍数，第二行为 5 的倍数，第三行为 6 的倍数……

43：12

每个星状图形中，五个角数字之和是中心数字的 3 倍。

44：A

将所有字母换成它们所代表的数值，每一行，每一列的数字之和为 15。

45：T

从首行至底行，每行中从左到右按照字母表顺序排列，每个字母依次向前移动 5 位。

46：5

每一个图形中，左上角数字减去中间数字结果为右上角数字，左下角数字加上中间数字结果为右下角数字。

47：25

每一个圆形中，从左上角起按顺时针顺序，前一个数字的两倍减去 1，就是后一个数字。

48：Q

每一个星状图形中，按顺时针方向转动，前后两个字母在字母表中的位置间隔依次为 1，2，3，4 个字母。

49：

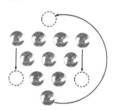

50：R

每一列中，按字母表顺序，左边一列相邻字母对应数值差值为 3，中间一列为 4，而右边一列为 5。

51：19

从左上角开始按 Z 字形移动，数字按照质数顺序排列。

52：A:15，B:4

第一个椭圆中数字都为偶数，第二个都为奇数。

53：16

从 2 开始按照顺时针方向，后一个数字都为其前面数字的两倍。

54：L

每一行中，从左到右字母按字母表顺序排列。

55：5

从左上方的圆形开始顺时针方向观察四个圆形，每一个数字的两倍再减 1 结果就是下一个圆形中对应位置的数字。

56：

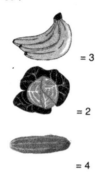

= 3

= 2

= 4

57：

从顶端的钟表开始，按照顺时针方向，分针依次后退 25 分钟，时针前进 3 个小时。

58：A

每一列中，上面三个字母所代表的数值之和为底行的数字。

59：2

图形上下左右分组后，可被分为四个 5×5 完全相同的部分。

SOLUTIONS

Level 5

1：12
每一列中，上面两个数字之和为底行数字。

2：D
在左上方正方形中，按照顺时针方向，相邻字母在字母表中的位置间隔 2 个字母，右上方正方形内间隔为 3 个字母，右下方为 4 个，左下方为 5 个。

3：11
从左上方数字开始按顺时针方向将相邻数字两两组合，每个组合之和为 20。

4：0
从左上角开始，每一列从上到下，从左列到右列顺序排列，按字母表顺序，前后字母都间隔 4 个字母。

5：红桃 7
从左向右，每列数字之和依次是 20，19，18，17，每行花色各不相同。

6：6
每一个图表中，左上角数字与中心数字相乘结果为左下角数字，右上角数字与中心数字之差为右下角数字。

7：20
从上到下，第一个数字加 7 为第二个数字，第二个数字减 2 为第三个数字，依此循环，加 7，减 2 相互交替。

8：J
从左上角字母开始，按照顺时针方向螺旋至中心，依字母表中的顺序，前后相邻字母对应数值之差为 8。

9：B

从左向右，表中显示的每个数字加1，然后整体向左移动一位，就是下一只表所显示的时间。

10：2

每一个圆形中的数字总和为13。

11：A

每一行中，从左到右，黑点数目每次增加2个。

12：23

每一个三角形中，中心数字等于三个角数字平方根的总和。

13：80

从左到右依次为5，6，7，8，9的平方再减1。

14：A:28，B:74

第一个椭圆中都是3的倍数，第二个椭圆中都是4的倍数。

15：5

三角形每个角的数字是其相邻两数字的和。

16：2

在每一列中，首行数字为下面两行数字之和。

17：N

在每一行中，左边与中间字母所代表的数值之和为右边字母所对应的数值。

18：J

沿着每条经过中心的直线，首行每个字母与中心字母所代表的数值之和为其对应的底行字母所代表的数值。

19：4

每一个正方形中，三个外层数字的平均值即为中心正方形内的数字。

20：D

每一列中字母所代表的数字总和为22。

21：4

每一行，每一列数字之和都为15。

22：43

从左到右数字依次增加7。

23：3

每个圆形中四个数字之和都为16。

24：

＝6

＝8

＝9

25：黑桃J

从左上开始，以行为单位，由上至下，牌面数字分别相差1，2，3……直到8，然后转为7，6，5……且每行的花色不重复。

26：从左到右：28，40，54

每一行从左到右数字增加幅度相同，从上而下依次是2，3，4，5，6，7，8。

27：1

每一行中，中间图像是左边图像的镜像，中间图像的黑白颜色调换则为右边图像。

28：M
从左到右，左边第一个字母所代表的数值加 2 即为第二个字母所代表的数值，第二个加 4 则为下一个，如此循环，加 2 与加 4 相互交替。

29：8 块饼干

30：11&5
从左至右奇数位数字间隔为 2，依次递增；其它数字间隔为 1，依次递减。

31：677
每一个数字的平方加上 1 就得出下一个数字。

32：L
将底边两个字母数字相加，除以顶角字母的数值，就可得出中间字母所对应的数值。

33：66
从左到右，将前一个数字乘以 2 再减去 2，就得到后面的数字。

34：E
按照顺时针方向，各图形中是以中间字母对应数值为间隔排列的。

35：13
将第一组两个数字相加得出下面一组的左边数字，而这一组另一个数字与第一组左边数字相同，以此类推。

36：K
按顺时针方向，字母依次交替计算，对应数字间隔为 6 或 5。

37：23
按照顺时针方向，数字间隔为 2，3，

4，以此类推

38：3
图中每一扇形区域的数字间隔与其对角区域中的字母代表数值相同。

39：V
从左上方开始，按照顺时针方向，以螺旋形排列，字母间隔为 2，3，4，5 等。

40：原数量的 1/4

41：35
相邻数字的间隔依次为 7，8，9，10。

42：4
在每一组中，上方两个数字之积减去下方两个数字之积为中间的数字。

43：是
左下方是逆时针方向移动，其它是顺时针方向移动的。

44：14
在每一行中左右两边数字之积再加上 2，就得出了中间的数字。

45：13
在每一个圆中，下方数字为上方两个数字的平均值。

46：D
每一纵列中，每往下一格就会移走一个交叉符号，并且先移走一边的，然后移走其对边的。

47：D
在每一个表中的数字相加都为 15。

48：2
每一个圆中，将上方两个数字相乘就得出下面的那个数字。

49：4

从上方开始，右边数字等于左边数字加6，下面的就加5，然后依次加4，3，2，和1。

50：A

从左到右移动，黑色区域按顺时针方向移动一次，而空白区域则按逆时针方向移动两次。

51：19

在每一个圆中，按顺时针方向，数字为奇数偶数交替排列，偶数间隔为2，奇数间隔为4。

52：2

在每一行中，左边数字除以中间数字，就得到了右边数字。

53：

在每一行中，从左到右，将前两个方框中的元素叠加，就得到了右边的图形。

54：8

在每一个正方形中，上下两个数字的积减去左右两个数字，结果总为40。

55：36

在每一行中，将左边与中间数字相乘，再减去这两个数字中较小的那一个，就得到了右边的数字。

56：M

按照顺时针方向，相邻字母间隔先加上5，然后再减去3，其中不算所有的元音字母。

57：I

每一组中，利用字母对应数值计算，

同一行左边的数字减去右边的就得出了中间的数字。

58：15

右下方的正方形中，各个区域的数字为其它三个正方形中处于相同区域的数字之和。

59：2

穿过中间圆的所有直线中，处于同一条直线上的三个圆中的数字相加都为15。

60：10

中间的五角星，各个角上的数字为左右两个五角星中处于同一位置的数字之和。

SOLUTIONS

Level 6

1：6

在每一行中，左边与中间数字之差乘以2，就得出了右边的数字。

2：J

字母按顺时针方向移动，间隔为10。

3：14

将上方第一个圆中的数字乘以2就得到了左下方圆中的数字，同理右上方圆的数字乘以2就得到了右下方圆中的数字；而中间那个圆中的各个数字，则取决于下方两个圆中相同位置的数字之差。

4：19

从2开始，按照顺时针方向，依次对应的是前9个质数。

5：

6：Y

按照顺时针顺序，字母在各个扇形区域中间交替排列，间隔为6。

7：6

每一行中，数字相加都为26。

8：10

在每一个圆中，将上方两个数字相加，减去右下方的数字，就得到了左下方的数字。

9：7

将每一个扇形区域中外边的两个数字相加，得到了对角区域中心的数字。

10：

只要是对的 其它答案也可以。

11：W

左边字母数值间隔为4，右边字母所代表的数值为左边的加3，然后减3，以此类推。

12：X

每一行中，从左到右，第一行字母所代表的的数字的差为5，下一行为4，再下一行为3，最后一行差为2。

13：49

左边半圆区域中数字的平方，等于右边对角区域中的数字。

14：24&2

左下方圆中的数字，等于上方三个圆中对应区域数字之和，而右下方的圆中的数字则为上方三个圆中对应区域数字中的偶数减去奇数所得。

15：7

在每一个圆中，将左边数字乘以2，再减1得到右边的数字；而将左边数字乘以3再减1，就得到了下方的数字。

16：A=127，B=56

其它数字都可以被9整除。

17：7

依次将左列从上到下的数字和右列

从下往上的数字相加，得出的结果由上往下依次填写在中间列中。

18：14

处于相同区域的数字是逐渐增大的，顶角数字先加 6，然后加 7；左边的数字先加 5，然后加 6；右边的数字先加 7，然后加 8。

19：H

第一组数字从左边开始，字母的间隔依次减少，间隔分别为 6，5，4，3，2；而第二组间隔为 7，6，5，4，3；第三组间隔为 8，7，6，5，4。

20：29

每一行两个数字中，第一组数字的右边数字与下一组左边数字相同，而下一组右边数字则为第一组数字之和，以此类推。

21：15

在每一个圆中，左下方的数字等于字母对应数值之和，而右上方的数字则为字母对应数值之差。

22：8

在每个表格中，上方两个数字之积减去下方两个数字之积，等于中间的数字。

23：75

每一组数字中，都包含相同的数字乘以 3，4，5 后的结果。

24：W

在每一个圆中，将上面两个字母数值相加就得到下面字母数值。

25：G

在每一个圆中字母按顺时针方向排列，左边圆中每隔一个扇形区域的两相邻字母相差为 3，上面圆中为 4，下面圆

中则为 5。

26：D

在每一行中，左边字母对应数值除以中间的数字，得出右边字母所对应的数值。

27：152

按照顺时针方向，将前一个数字乘以 2，然后分别加 2，3，4，5 和 6。

28：3

在每一行中，中间数字等于左右两边数字的平方差。

29：B

在每一行中，从左到右，＃是交替出现在方格里的，并在中间的四个方格中呈 90 度旋转；0 在第一行中是向右移动的，然后它向下移动一格，再依次向左移动；而 ＊ 则在四角移动中，每移到方格上面的时，在下一个方格中就移到对角处，之后再向上运动。

30：E

将上行与下行对应的图片叠加，黑点会组成 X，Y，Z 的形状。

31：22

三角形底边的两个数字的平方和减去顶点的数字，结果为三角形中心的数字。

32：18

从顶端开始，按顺时针顺序，前两个数字相加减去 2，结果是下一个数字。

33：1

每一行中，奇数的总和等于偶数。

34：H

左右两边星状图形中相同位置的字母所代表的数值相加，结果就等于中

SOLUTIONS

间星状图形对应位置的字母所代表的数值。

SOLUTIONS

35：8

在每个图表中，奇数和与偶数和的差等于中间的数字。

36：9

在每个图表中，中间的数字等于上行两个数字之和与下行两个数字之和的差。

37：5

左上方圆形中对角数字之和都为10，右上方的为11，左下方的为12，右下方的为13。

38：S

在每一列中，上面两个字母所代表的数值相加结果等于底行的字母所代表的数值。

39：26

在每一个圆形中，最小的数字乘以2再加上2，结果就是下一个数字。

40：1

在每一个三角形中，将底边两个数字相乘，再减去顶点的数字，结果等于三角形中心的数字。

41：6

将每一行看做一个三位数，首行的数字减去中间行的数字结果为底行的数字。

42：X

自上而下，从左到右，按照字母表中的顺序，前后两个字母间隔依次是1，2，3……个字母。

43：17

每个方格的数值等于其下面的两个方格中的数字之和减去1。

44：D

处于对角位置的两个字母，其中一个与字母表之首的距离等同于另一个与字母表之尾的距离。

45：G

从顶点开始顺时针移动，前后两字母在字母表上的对应数值差值都为6。

46：18

从上到下，第一个数字减5为第二个数字，第二个减7为第三个，以下依次减9，11与13。

47：10

先将首行的三个数字相加，结果为下一行左边的数字，再将三者相乘，结果为下一行右边的数字，最后两行亦然。

48：Q

通过中心圆形相对的两个字母与中心字母的间隔相同。

49：R

从顶端开始，相邻字母在字母表中对应数值的差值依次为5，6，7和8。

50：A，Q

外层圆环中，从字母C开始顺时针方向，相邻字母对应数值差值依次为2，3，4……

内层圆环中，从字母M开始逆时针方向，相邻字母对应数值差值也依次为2，3，4……

51：K

从左下角字母开始，沿着三角形顺时针方向，每个彼此相隔的两字母在字母表上的对应数值的差值都为3。

52：

53：1:N, 2:0

第一个椭圆中字母所代表的数值都是3的倍数，第二个都是4的倍数。

54：

每一个表盘中，时针所指的数字都是分针所指数字的2倍。

55：109

从左向右，每个数字乘以2再加上3就得到下一位数字。

56：E

将圆形沿水平与垂直的中轴线平分为四份，每个四分之一圆中相邻两个字母所代表的数值之和都为20。

57：2

四个角上的数字之和与四条边线上的四个数字之和都为20。

58：251

从上到下，每个数字的两倍再加上5即为下一个数字。

59：狮子

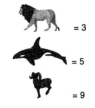

1：N

首行字母所代表的数值分别减去中间字母所代表的数值即为底行字母所代表的数字。

2：J

从顶点开始，按逆时针方向，字母在字母表上的位置每次前移8位。

3：D

从左向右，黑点移到对角位置再返回来，♯与阴影部分则沿逆时针方向每次移动一个位置。

4：11

下方三角形上的三个数字等于上方两个三角形相同位置的数字之和。

5：7

左边与中间星状图形相同位置的数字之差即为右边图形该位置上的数字。

6：G

每一列字母由上而下，从左列到右列排列，相邻字母在字母表上的对应数值依次递增2，3，4循环。

7：N

从左到右，圆形中相同位置的字母对应数值依次增加4，5，6。

8：89

左列从上到下，中间一列从下到上，右列从上到下，以此顺序排列，前两个数字之和即为后一位数字。

9：

每一只表盘中，时针和分针所指数字之和为9。

10：J

从左向右按字母表顺序排列，跳过笔画中有竖线的字母。

11：100

左列中，每个数字的两倍减3即为其下面的数字，右列中，每个数字的两倍减4即为其下面的数字。

12：6

下方的三角形中的数字等于上面两个三角形中相同位置的数字之差。

13：9

每个三角形中，中心数字等于三个角上的奇数之和减去偶数之和。

14：3

将图表分为三个小三角形，顶端一个，左右各一个，每个小三角形中包含三个数字，三个数字的总和都为15。

15：Z

从左上端开始，按照顺时针方向由外层到内层的顺序排列，每两个相邻字母在字母表上的位置间隔3个字母。

16：18

从顶端开始，先将组成每个数字的两个数相乘，所得结果与该数字之差即为下一个数字。

17：E

每一行中，所有字母所代表的数值之和为20。

18：18

从左上角开始按顺时针方向转动，奇数减3，偶数减5，结果为下一个数字。

19：M

从图表左上角开始，按照顺时针方向转动，字母以字母表顺序排列，但跳过笔画中有曲线的字母。

20：10

从上到下，将前两个数字相加，结果减3，得到下一个数字。

21：

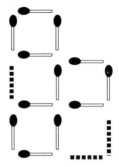

22：6

将每一行中字母所代表的数值相加，结果写在下一行中。

23：J

每一行中，左右两字母所代表的数值相加，把该结果按照字母表倒序所对应的字母填入中间空格。

24：11

在每一行中，从左到右，每一个数字乘以2再加1，结果为下一个数字。

25：

26：　＜　＋　＋
　　　　×　＞　＞
　　　　0　0　＞

从左上端开始，第一行从左到右，下一行从右到左，以此类推，以蛇状移动，按下列顺序循环：×　×　＞　＞　0　0　＜　＋　＋　＜

27：42

将每一个圆都分成左右两部分，在每个圆中，右半圆上方的数字为左边三个数字之和；右半圆中间的数字为左边数字之积；而右半圆下方的数字则为左边三个数字的平方和。

28：32

从上往下，各个数字分别将0，1，2，3，4的平方乘以2。

29：M

所有字母是交替排列的，从A开始字母间隔为3，而从G开始的字母间隔为2。

30：10

第一个正方形中的四个数字，按照顺时针方向，每个数字递增的量相等并且每次移动90度。

31：D

在每一行中，最右侧的骨牌，显示的是前面三张牌中，横线两侧的圆点的集合。

32：A

在每个三角形中，将底边两个字母在倒序字母表中所代表的数值之和，减去顶角字母在倒序字母表中所代表的数值，即可获得中间字母在正序字母表中所代表的数值。

33：236

在每一纵列中，从上到下计算，左

列中，将每一个数字乘以2再减2；中间列是乘以3再减3；而右列则是乘以4，再减去4。

34：2

将原图中第一行的三个数字7，13，9，分别与图中心的数字5相减，即可得出第三行中的三个数字。

35：2

将上面两个数字相加，乘以中间的数字就得出了下面的两个数字。

36：6

从左上方的数字开始，按顺时针方向，以中间数字为间隔排列。

37：4

在每一个纵列中，三个较小的数字之和等于最大的那个数字。

38：6

中间数字等于左右两边数字相乘减1。

39：1=M，2=J

1号图形中字母对应的数字都能被3整除；而2号图形中字母对应的数字都能被4整除。

40：51

在每一行中，将左右两边数字的个位和十位颠倒，然后再将所得两个数字相加，就可算出中间的数字。

41：梅花5

在每一行中，将前4张牌的点数相加，得到一个两位数，然后再将这个两位数的两个数字相加，就可得到右边牌的点数，花色与左边4张牌中点数最大那张牌相同。

42：68

在每一个圆中，将上方数字与右边

数字相减，再除以 4 就得到了左边数字。

43：168

将每一个数字减去 4，再乘以 3 就得到了下一个数字。

44：M

每行每列字母所代表数值相加都为 27。

45：U

将图形作为三行一起看。

在第一行中，字母从左到右的间隔为 3，中间一行为 4，下面一行为 5。

46：F

在每一纵列中，中间数字等于上下两个字母代表数值之和。

47：12

从上面开始，先减去 2，再加上 7，以此类推。

48：Z

在每一行中，左边字母加上中间字母对应的数值，就得出了右边字母数值。

49：21

在每一组表格中，把四个角的数字相加就得出了中间一列的数字。

50：30

在每一个圆中，将上方两个数字相乘，再减去 10，就得出了下面的数字。

51：B

左边字母对应数值除以右边字母对应数值就得出了下方字母数值。

52：25

在相对扇形区域中，大的数字是小的数字的平方。

53：1

右边的数字等于左边和中间的数字之差。

54：M

从左下方的字母开始，按逆时针方向，字母在字母表中移动，间隔分别为 2，然后是 3，依次类推。当到字母 Z 的时候，再从图中第一个字母 B 开始，间隔也分别是 2 和 3。

55：

在每一行中，将左边图形顺时针旋转 90 度得出中间图形，左边图形逆时针旋转 90 度得到右边图形。

56：2

在每一组中，将左边四个字母所对应的数值相加就得出了右边一列数字。

57：0

从左上方开始，按顺时针方向，以螺旋形轨迹，字母按照字母表中顺序排列，并且除去那些在书写上没有弯曲的字母。

1：34

在三组数字中，处于同一位置的数字是呈递减的，间隔为 1。

2：P

在每一行中，字母数值从左到右的间隔相同，其中第一行的间隔为 3，下面依次为 4，5，6。

3：7

将表格分成四个小的正方形，而每个正方形中接近中心的那个数字为其它三个数字之和。

4：0

在每一行中，每个字母代表的数值都是两位数，一个数字是左边和中间数字之差，一个是左边和中间数字之和。

5：3

从左上方开始，按照顺时针方向，以螺旋形轨迹，字母分别为 I，R，T，W，E，D，B，T，F，O，O，S，以此类推。

6：10 米

7：B

在每一行中，将左边图形中的黑色方块与中间的叠加，就得到了右边的图形。

8：6

将第 1 组的两个数字分别乘以 2，就得到了第 3 组的数字，以此类推到第 5 组数字。而将第 2 组数字分别加 1 则得到第 4 组数字，以此类推得到最后一组数字。

9：10

数字可以分为 4 纵列，而每一组数字的间隔为 2。

10：17&M

左边的数字是从 3 开始按照质数排列的，而右边的字母对应值是从 2 开始按照质数排列的。

11：1600

她喜欢平方数。

12：

13：6

位于图形中心的两位数，分别将其构成的两个数字求和与作差，所得结果即为对应扇形区域外围的两个个位数。

14：37

从上到下，将前一个数字乘以 2 再减去 5 可得下一个数字。

15：6

在每一个正方形中，将外面 3 个数字相加得出一个两位数，再将该数的两个数字相加，即可得中间的数字。

16：

17：6

每一行，每一列都是由四个随意排列的连续数字组成的。

18：F

从图右下方字母 B 开始，以逆时针方向，字母对应数值间隔分别为 2 和 3，一直持续到字母 X。这时再从字母 A 开始，以逆时针方向，字母对应数值间隔分别为 2 和 3，一直持续到字母 M。

19：

在每一行中，右边格子中的图形只包含左边前两个图形中的共同元素，同时纵列的排列规律与之相同，即最下面的格子只含有它上面两个格子中的共同元素。

20：12

在每一个三角形中，上方数字乘以左边数字，再除以右边数字就得出了中间的数字。

21：3

在每一纵列中，上方数字减去中间数字，再乘以 3 就得出了下面的数字。

22：3

在每一个图表中，将外面的 4 个数字相加得到一个两位数，再将该数字中的两个数字相加，就得出了中间的数字。

23：24

分别算出 1，2，3，4，5 的平方再减去 1。

24：D

其它三个方格中的数字之和都大于100。

25：0

从左到右，在三个三角形中，处于同一位置的字母数值的间隔分别为 4，

5，和 6。

26：B

在每一个正方形中，利用左右两边字母对应数值可推算出上方字母数值，还有下方字母在倒序排列字母表中所代表的数值。

27：8

从左上方的数字开始，将左边数字分别乘以 2 然后依次减去 1，2，3，4 等，就得出了右边的数字。

28：R

从每一行左边开始，第一行字母排列的间隔是 5，其它分别为 4 和 3。

29：梅林达是 37 岁，她父亲是 73 岁。

30：14

处于内环中的数字，等于其对面外环中的数字除以 3。

31：5

按行来分析，在第 1 行和第 3 行中，右边数字等于前边那两个数字之和，而 2、4 行中右边数字则等于前边那两个数字之差。

32：T

在每个三角形中三个字母在倒序排列字母表中所代表数值相加，就可得出中间字母在正序字母表中对应的数值。

33：6

在每一行中，右边数字等于前两个数字之和加上 2。

34：W

按照字母连成的线，从中间一行左边的首个字母 O 开始，向右沿对角线向上，再向右沿对角线向下，依此类推，按照字母表的顺序，字母间隔分别是 1，

2，3，4……。

35：20

在每个图形中，四角的数字之和等于中间的数字。

36：4

在每个三角形中，中间的数字是三个角数字的平均值。

37：11

第三个五角星中，每个角上的数字都是前两个五角星中对应角上的数字之差。

38：0

在每一组图形中，顶上两个方格里的字母对应数值之和等于下面方格中的字母数值。

39：E

按照从左到右的顺序，前一个表的小时数减去 1，分钟数加上 12，如果加上分钟数超过 60，则向小时数进一位。

40：H

从左上方开始，按照顺时针方向，第二个字母比第一个字母前进 6 位，后面前进位数依次类推为 7，8，9……

41：H

每一行左手边的字母与右手边的字母对应数值之和等于中间字母的倒序数值。

42：（从上到下）A，H

每行按照从左向右的顺序，最上面第一排每个字母向前移动的位数为 4，下面一排为 5，依此类推。

43：9

以每一纵列为单位，按照从上往下的顺序，上面的数字乘 2 然后减 1，结果为其下面的数字。

44：Z

从左上方开始，以列为单位，前一个与后一个字母对应数值之间相差 5。

45：D

从左向右观察每一个图形，一个阴影区按照顺时针方向每次走一格，而另一个阴影区按照逆时针方向每次走两格。

46：4

在每个三角形中，把下面两个角的数字相乘，再减去顶角的数字，结果等于中间的数字。

47：Q

从左边开始，每一个字母比前一个字母前进 10 位，如果到了字母表尽头则返回起始处继续排列。

48：Q

从最上面开始，第二个字母比第一个字母对应数值多 6，第三个比第二个多 7，然后依此类推。

49：9

以每行为单位，中间的数字等于两边其它数字之和的一半。

50：

51：Y

按照从上到下的顺序，每个字母的数值依次是 1-5 的平方数。

52：159

从左上方开始，按顺时针方向，将前一个数字乘 2 然后加上 1，结果等于下一个数字。

SOLUTIONS

53：23

每一个字母的倒序数值是中间正方形的对角上的数字。

54：16

按照从上向下的顺序，上面每组数字之和为下面一组左边的数字，而二者之差是下面一组右边的数字。

55：35

按照从左向右的顺序，前一个数字的二倍减去3等于下一个数字。

56：13

从左下角开始，按顺时针方向螺旋前进，相邻数字间加5，或者减2，结果为下一个数字，两种计算交替进行。

57：7

从左上第一个圆开始，每一个数字加上2，然后按顺时针方向旋转90度，结果就是顺时针方向的下一个圆。

58：

从最上面的第一个表盘开始，按照顺时针方向到下一个表盘，分针顺时针移动1格，然后是2格、3格。时针分别移动2格、3格、4格。

1：1

把每一个奇数乘2，然后加上4，结果等于对面的数字。

2：V

从左向右，五个字母分别是元音字母"A, E, I, O, U"在字母表中向前移一位。

3：2

在每一行中，左右两边的数字相乘之积减去5，结果即为中间的数字。

4：U

从左上开始，按从左向右的顺序逐行前进，后一个字母与前一个字母之间相隔的字母个数分别为1，2，3……，依此类推。

5：16

在上面两个三角形中，位置相同的两个角上的数字之差便是下面三角形中对应位置的数字。

6：C

在每个图形中，从右手边的字母开始，按顺时针方向，每一个字母与下一个字母之间的间隔数为顶上字母的对应数值。

7：5

把6纵行数字按垂直方向分为三组，每两纵行为一组，按照从上向下的顺序，将每组中一行的两个数字看作一个两位数，上面两个两位数之和为下面的两位数字。

8：51

按照从上到下的顺序，把每个数字

乘以 2 然后减去 3，结果即为下一个数字。

9：5

把表格平均分成四份，每 5×5 个数字一组，左上第一组为一组随机数字，逆时针旋转 90 度即为顺时针方向的下一组数字。

10：C

每一个表盘上的三个数字之和都是 15。

11：C

按照从左向右的顺序，X 顺时针方向移动，每次一格，而·逆时针方向移动；一个阴影区顺时针方向每次移动两格，另一个阴影区逆时针方向每次移动三格。

12：R

按照从上向下的顺序，把每个字母代表的数值乘以 2 再减去 2，结果对应的字母即为下一个。

13：6

外圈的数字与对面里圈的数字之和总是 15。

14：29

在每个三角形中，下面两个数字之积减去顶上的数字，其结果即为中间的数字。

15：J

在每一行中，字母左边的数字总和与字母右边的数字总和的差即为中间字母的对应数值。

16：6

在每个星状图形中，上面三个角的数字之和都是一个两位数，将这个两位数分别写在下面的两个角上。

17：N

在每一个三角形中，下面两个角的

字母代表的数值作差，结果所对应的字母即为顶上的字母。

18：9

左右两个圆圈中对应部分的数字之和即是中间圆圈相应部分的数字。

19：0

在每一个图形中，把顶上和底下的两个数字分别看做二位数，二者之差即为中间的数字。

20：4

以列为单位，每列中的奇数与偶数之和相等。

21：

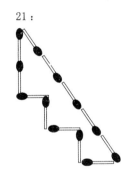

22：12

在每一个图形中，按照从左向右顺时针的方向，两个相邻的数字之间先加3，再加 4，依此循环。

23：R

按照顺时针方向，圆中由交替出现的两组字母构成，其中有一组字母对应数值之差为 5，另一组为 6。

24：8 3 4
    1 5 9
    6 7 2

25：29

在每颗五角星中，中间的数字等于其它数字中偶数减去奇数的差。

26：4

规则是先减去2，然后再加上1，以此类推。

27：Z

图中五个圆中由左至右，从第一行到第二行，字母排列按顺时针方向呈90度移动，且字母对应数值的间隔为3。

28：43

在每一个圆中，从左上方开始，按顺时针方向，将每个数字乘以3然后减去5就得出了下一个数字。

29：161

在每个圆中，按顺时针方向，将每个数字乘以2然后减去1就得出了下一个数字。

30：E

在每一个五角星中，数字之和推算出左边的字母，以及以倒序排列的右边字母。

31：6

每个三角行中间的数字等于偶数与奇数之差。

32：3

中间一列的数字，等于其所在行左边数字之和，减去右边的数字。

33：64

每一个格子中数字表示的分别是1，2，3和4的立方。

34：N

在每一个正方形中，处于对角区域的两个字母在正序和倒序字母表中的位置相同。

35：2

在每一行中，将最左边数字和最右边数字相乘得出中间的两个数字。

36：N

每个字母的字母数值由其对角的两个数字相乘所得。

37：N

每一行字母的间隔分别为4，2，和5。

38：P

从左上方开始，按顺时针方向，一直到图中心。字母排列的间隔分别为1，2，3，1以此类推。

39：24

按顺时针方向，数字间隔分别为2，3，4，5，和6。

40：B

在每一行中，将左图上下翻转右图左右翻转，叠加在一起就是中间的图形。

41：任意花色的2和9

每一行中，前面5张牌的点数之和为后面两张牌所构成的两位数。

42：E

在每一纵列中，从上到下，圆形递减。

43：6

在每一个表格中，中间数字等于左边两个数字之积减去右边两个数字之积。

44：X

从左到右，从第一行开始，各行字母数值间隔分别为2，3，和4。

45：39

46：

将其中两根火柴折断。

47：66

沿顺时针方向，将前一个数字的2倍减去2。

48：19

从左上方的正方形开始，按顺时针方向移动，处于同一位置的数字间隔分别为2，3，4和5。

49：23

50：Z

三颗五角星中的字母分别按顺时针方向移动，所对应数值的间隔分别为6，7和8。

51：K

每一个三角形中间的数字等于三个角的字母对应数值之和的2倍。

Level 10

1：K

从左上方开始，按顺时针方向，以螺旋形轨迹，字母在字母表中间隔分别为2，3，和4。

2：W

从上方开始，右边字母比左边字母对应数值大2，然后依次大3，4等。

3：35

在每一个圆中，将两个最小的偶数相乘，结果等于对角的数字，奇数也一样。

4：236

从上方开始，数字的间隔分别为25，35，45等。

5：Y

在每一个圆中，相对扇形区域的字母在正序和倒序字母表中的位置相同。

6：26

在每一个正方形中，将外面三个数字相乘，然后减去中间的数字，按照顺时针方向，结果分别为50，60，70和80。

7：14

在纵列中，从上到下，交替将数字先加上5，再减去1。

8：N

从上方的圆开始，从上往下，处于同一区域字母的间隔为2，并且该位置会按顺时针方向移动1个扇形区域。

9：N

字母是按字母表顺序排列的，每个圆按顺时针方向移动，从左到右，除去那些有弯曲的字母。

10：7

从左到右，所有数字的间隔为2，而且它们的相关区域按顺时针方向旋转90度。

11：10

在每一个正方形中，奇数之和与偶数之和相减，就得出了包含在中间正方形中的数字。

12：V

在纵列中，由上面和中间字母分别对应的数值所组成的一个两位数，就是最下面字母的代表数值。

13：E

在每一行中，从左到右，＊来回地沿着一条斜线移动；？沿顺时针方向移动90度；0 按顺时针方向移动1个格，2个格，3个格等；# 先向左移动，然后第二时时又向右移动。

14：F

在每一个圆中，将上方两个字母在倒序字母表中对应数值相加，就得出了下面字母的倒序数值。

15：8

在每个图形中，将左上方的数字除以中间数字就得出了右边的数字。下面左边和右边的数字也是如此。

16：8

在每一行中，中间的数字等于左右两边数字之积减去数字之和。

17：P

处于正方形下方区域的字母，其数值等于其它三个区域字母对应的数值之和。

18：W

从左上方开始，然后往下；再从右上方开始，往下，字母先是向前移动5个位置，然后又往回移动2个位置。

19：R

处于右半边圆中的字母，比它相对的字母在字母表中的位置靠前7位。

20：

将中间的火柴向右移动半根火柴的距离，然后将左下方的火柴移动到右上方，形成杯子，就将硬币含在了里面。

21：86

从上到下，将前一个数字乘以2，然后分别减去1，2，3，4。

22：1

将外面四个数字相乘，然后除以2，就得出了中间的数字。

23：24

从左上方开始，以均衡的形式呈"己"形移动，数字间隔分别为8，7，6，5，4，3，2，1。

24：11

在每一纵列中，数字间隔分别为3，4，5。

25：

次序如下：图片

从左到右，在每个三角形顶角的圆形是按照倒序排列的；而在相应三角形中，底边的圆形是按照正序排列的。

26：N

按照顺时针方向，字母排列的间隔

为 1，2，3，然后又回到 1。

27：2

在每个图表中，将左上方的数字除以右下方的数字，然后加上左下方的数字，再减去右上方的数字，就得出了中间的答案。

28：88

从上往下，将每个数字乘以 3，再减去 14。

29：

从每一行的左侧往右，圆形逐次减少 1 个。

30：E

其它图形含有相同的元素，即黑色长方形区域。

31：E

在每一个图形中，从左上方开始，按照顺时针方向，每个字母与前一个字母对应数值的差额为中间字母代表的数值。

32：10

每个字母的对应数值加上 5 都等于对面的数字。

33：L

以行为单位计算，左边和中间的字母对应数值之和等于右边的字母数值。

34：39

按照从左向右的顺序，把每一个图形中的三个数字乘以 2 再加上 1，结果就是右边图形中的数字。

35：3

在每个三角形中，中间的数字是三个角上的数字的公分母。

36：H

在每个三角形中，外围三个字母的对应数值之和是中间字母的倒序数值。

37：

从上面的表盘开始，顺时针观察四个表盘，分针每次向回移动 5，10，15分，时针向前分别移动 2，3，4 小时。

38：Y

从左上方开始，按照由左向右，由上到下的顺序，前一个与后一个字母之间间隔的字母数分别是 1，2，3，然后再按此规律反复。

39：15

按照从左向右，从上面一行到下面一行的顺序计算。每个圆圈中，左边两个数字之和依次为 6 的倍数；右边两个数字之和为 4 的倍数，从 4 的 2 倍开始。

40：F

从左下角的 A 开始，沿着三角形按顺时针方向转动，每个字母与下一个字母之间的间隔分别为 12，11，10……

41：17

从左上角开始，按照顺时针方向螺旋前进直至中心。前两个数字之和加上 1 即为下一个数字。

42：I

以行为单位进行计算，中间字母对应的数字为两边字母代表的数值之和。

43：29

按照由上至下的顺序，数字全为质数。

44：B

当倒过来看时，表上的数字保持不变。

45：L

在每个星状图形中，从最上面开始，按顺时针方向，字母间隔分别是 4，5，6，7。

46：B

从外圈开始，每一个字母对应数值加 5，再将结果所代表的这个字母按照顺时针方向转动到下一个位置的里圈。

47：35

按从上向下的顺序，每个数字乘以 2，再减去 3。

48：38

从左上方开始，每一列中从上至下计算，将前两个数字之和减去 1 等于下一个数字。

49：4

以列为单位，偶数之和减去奇数总等于 15。

50：10

从最下面一行开始，每行数字之和依次增加 1。

51：Y

从 J 开始，按照顺时针方向，字母对应数值的差值依次为 4，5，6……

52：89

从 1 开始，按照顺时针方向，每个数字乘以 2，依次加 1，2，3……

53：U

以行为单位，从左到右，字母按照字母表的顺序，间隔分别为一个字母，两个字母。

54：N

从左上方圆圈开始，沿着顺时针方向，字母对应数值分别增加 2，3，4，5……，一个圆圈结束后进入下一个圆圈。

55：M，W，I

从左上方开始，沿顺时针方向由外圈向里圈移动，第一圈字母之间的间隔为 5，第二圈为 7，最后一圈为 9。

56：

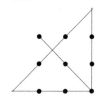

57：17　1　15
　　　 9　11　13
　　　 7　21　5

58：红桃 9，黑桃 7，方块 9

从左上方开始，按照顺时针方向螺旋直到图形中心，牌的点数依次增加 3。牌的花色有其固定的规律：逆时针方向按红桃，梅花，方块，黑桃／黑桃，方块，梅花，红桃这一顺序排列。

1：8

在每行或每列中，两个偶数之和与奇数的差总为11。

2：L

从任意一个角开始，按照顺时针方向，每个字母对应数值加上4即是下一个字母数值，此数值再加上5即为其下一个字母数值。再从另外两个角开始同样的计算。

3：16

在每一行中，左手边的数字乘以2，中间的数字乘以3，两数之和即为右边的数字。

4：1

在每个圆圈中，从左上方开始，按照字母表的顺序，最上面的圆圈中每两个字母的间隔为5，左手边的圆圈内相邻字母间隔为6，最下面的圆圈内相邻字母间隔为7。

5：5

在每个三角形中，下面两个数字之差等于上面和中间两个数字之差。

6：12

在每个图表中，把左边一对数字相乘，减去中间的数字，等于右上角的数字；再把左边一对数字相乘，加上中间的数字，结果是右下角的数字。

7：外圈：Q，内圈：M

外圈中的字母在字母表中的位置与对面内圈中的字母在字母表中的倒序位置一样。

8：15

以列为单位进行计算，两个奇数之差等于余下那个偶数。

9：3

在第一行中，中间圆圈中的每一个数字是左右两个圆圈中对应位置的数字之和，下面一行则为差。

10：P

从图形的下方开始，按照顺时针方向，以字母表顺序螺旋形前进，跳过元音字母。

11：7

每一个五角星中，五个角上的数字之和的平均数等于中间的数字。

12：8

在每一个圆圈中，上部两个数之积减去右下角的数字，结果为左下角的数字。

13：B

从左向右看，两个阴影区域每次向相反的方向移动一个位置，·在两个相对的区域之间移动，＊按照逆时针方向每次移动一个位置。

14：Y

从左上角开始，一直到第三个图形的上部为一行，相邻字母之间按照字母表的顺序相隔5位排列。

15：M

自上而下观察每列，字母间隔都是10。

16：做一个（底面为三角形的金字塔形状）立体四面体。

17：17

从左下角开始,沿着图示数字链,相邻数字之间先加 2,加 4,再减去 3,依此类推。

SOLUTIONS

18：

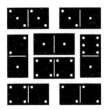

19：A：77
　　B：18

在第一个椭圆中,所有的数字都是 7 与偶数的乘积,在第二个椭圆中,则全是 9 与奇数的乘积。

20：0

由上至下,字母先向前进 3,再向后退 7,依此类推。

21：6,9,8

以行为单位进行计算,由上至下,每一行的数字之和分别是 45,46,47……

22：

由这些骨牌组成的图形是成中心对称的。

23：14

在每个三角形中,中间数字等于底边两个数字之和减去顶角的数字。

24：

25：7

在每一行中,右边数字等于左边和中间数字之差。

26：1

在每个方框中,上方的三位数除以下方的两位数,结果分别为 22,23 和 24。

27：4

中间数字等于左右两边数字的平方和。

28：

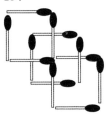

29：17

从左上角的正方形开始,按照顺时针方向,在每个正方形的相应位置上,数字移动的间隔分别为 2,3,4,5.

30：X

从上开始,字母排列的间隔分别为 5,4,3 和 2。

31：C

从上面开始,利用前两个数字组成的两位数,这个数字等于左边字母在字母表中的正序数值和右边字母在字母表中的倒序数值。

32：61

从上开始,将每个数字乘以 2,再加上 3,就得到了下一个数字。

33：B

如果将表颠倒排放,每块手表所示时间相同。

34：D

从左上方开始，呈 Z 字形排列，字母数值的间隔分别为 2，3，4，5 和 6，直到下一个表格的顶部。

35：4

处于每个三角形中间的数字等于底边两个数字相乘，再加上顶端的数字。

36：1

这个数字片段沿两条对角线对称排列。

37：D

在每一行中，从左到右，排列图形。圆在正方形的四周沿顺时针方向每次移动三个位置；三角形在从左上到右下的对角线来回移动；五角星从上往下呈 Z 字形移动。

38：1：02

从每块手表上所显示的时间中，移走 3 个单位。

39：B

在每个正方形中，外面的字母排列的间隔以中间字母的数值为标准。

40：

21	4	15	24	1
6	8	17	14	20
3	19	13	7	23
10	12	9	18	16
25	22	11	2	5

41：黑桃 5

从左到右，扑克牌按花色交替排列，红色牌的点数渐增为 2，而黑色牌的点数则是递减 2。

42：4

图中内环的数字，即为对应外环字母的笔画数。

43：24

每一个数字都等于其上两个数字之和。

44：任何花色的 2

在每一行中，偶数牌的点数与奇数牌的点数相减值为 10。

45：14

图中数字从左上方往右，从上到下构成 "W" 形的公差为 3 的等差数列，即依次为每个数字加上 3。

46：3

每个圆中的数字之和都是 30。

47：史蒂芬 =270，西蒙 =540 和斯图尔特 =90

48：R

从左上方开始，按照顺指针方向，以螺旋形排列的字母，间隔为 4。

49：6 美元

50：22

在每一行中，将左右两侧数字相加再乘以 2 就得出了中间的数字。

51：13，4，15&9

每行、每列及对角线上的数字相加都等于 34。

52：

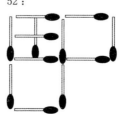

SOLUTIONS

Level 72

1：梅花 7，黑桃 4 或红桃 1 或方片 2

从上往下 7 张牌，不同花色的牌代表不同的数值，红桃 =4，梅花 =3，方片 =2，黑桃 =1，将每行所有牌所代表的数值相加都等于 100。

2：

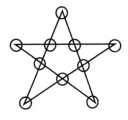

3：7

每一行和每一列的数字都包含在 0-9 这些数字当中，可能是两位数，也可能是个位数。

4：A=92，B=112

其它数字都能被三整除。

5：17

将这些数字按照横竖分成四条数字线，每条线上数字的间隔分别为 2，3，4，5。

6：S

每一行，每一列的字母都分别是由短线构成的字母，曲线构成的字母以及直线和曲线混合组成的字母。

7：6

分别将外面相邻的两个数字相乘，交替地除以 2 或 3，结果就是其对面区域圆心处的数字。

8：23

从上往下数字的间隔分别为 2，4，

6 和 8。

9：E

将 3 个纵列的字母数值相加都为 26。

10：从上到下分别是：黑桃 K，黑桃 7 和红桃 4。

两张花牌的点数之和等于其它小牌点数之和。每一行都有一张与花牌不同花色的小牌和另外一张与花牌同一花色的小牌。

11：3

每一行的数字之和都是 21。

12：23

13：F

从外围左边的四个圆开始，沿顺时针方向，字母以字母表的顺序排列，除去元音。

14：58

规律是先乘以 2，再加上 3，依次类推。

15：15

在每颗五角星中偶数之和减去奇数之和，等于中间的数字。

16：Y

在每一行中，将左边和中间字母对应的数值相加就得出了右边字母数值。

17：35

18：7

在每个图表中，将上方两个数字相乘，除以右下方的数字，再加上左边的数字，就等于中间的数字。

19：I

左边字母对应数值之和等于中间字母数值，右边字母数值之和也等于中间字母数值。

20：33

21：L

在每个正方形中，三个数字之和等于所对应的中间正方形中的字母数值。

22：11

从左上方开始，往下左右交替移动，加上 2 就得到了下一个数字，然后加上 3，4 等；右上方的排列规律与之相同，只是所加数字变为 1，然后 2，3 等。

23：上午 3：42

这个手表每小时快 16 分钟。

24：2

在每个圆中，字母对应数值均是一个两位数，将这两个数字相加就得出了其对角区域的数值。

25：3

在每一行中最左边和最右边数字的平方之和就构成了中间的两个数字。

26：18

左边两个数字相加等于中间的数字，右边两个数字相乘也等于中间的数字。

27：18

将前边圆中的数字分别加上 2，3 和 4，然后沿顺时针方向旋转 120 度，就得到下一个圆中的数字。

28：16

在每一行中，分别将左边和右边数字除以 3，然后将两个结果相乘就得出了中间的数字。

29：5

黑色区域的数字等于两边白色区域中的数字之差。

30：E

自左向右看，阴影区每次逆时针移动一个格，＊也是如此，□每次顺时针移动两格，·每次都在相对的两个区域间移动。

31：8

以行为单位，每行数字的总值按平方数排列，即 16，25，36。

32：

从上面的表开始，按照顺时针方向观察四个图形，时针分别走 1，2，3 个格，而分针走 3，2，1 个格。

33：9

从左上方的圆圈开始，每个数加上 2 即为下面圆圈对应位置的数字。中间的圆圈加 3，右边的圆圈加 4。

34：10

在每一行中，左右两边数字之积减去两边数字之和，即为中间数值。

35：I

从左下角开始，按照顺时针方向螺旋前进，字母间隔分别为 2，3，4，5。

36：N

从图形顶部开始，顺时针方向螺旋前进，字母间隔为 5。

37：8

在每个图形中，把顶端的两个数字看成一个两位数，将这个数字与中间的数字相乘，所得结果分成两位写在下面两个圆圈中。

38：1000
自上而下分别是 5-10 的立方数。

39：10
以行为单位，左右两边数字之和的平均数即是中间的数字。

40：60
在每一个圆圈里，从左上方开始，按照顺时针方向，把第一个数字乘 2，即是下一个数字，再将第二个数字加上 2，就得到再下一个数字，以此类推。

41：26
从左边一列数字开始，将前两个数字之和减去 1 即为下一个数字；在右边一列数字中，按照自上而下的顺序，前两个数字之和加上 1 即为下一个数字。

42：I
在每一个方格中，底部的字母是顶部两个字母之间的元音字母。

43：11
在每个图形中，将五角上数字的奇数之和减去偶数之和，结果即为中间的数字。

44：H
从顶行字母开始，以列为单位，字母之间的间隔分别为 5，4，3，2，1。

45：8

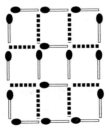

46：1：Z
  2：K
在第一个椭圆里，每个字母是元音字母之后的字母；而第二个椭圆之中，则是元音之前的字母。

47：25，32
从左上角开始，在外圈中，按顺时针方向，前两个数字之和加上 1 则为下一个数字；在内圈中，按逆时针方向，前两个数字之和再减去 1 则为下一个数字。

48：

把图形平分为四部分，从左上方部分开始，在下一部分中重复这一部分的图形分布，只是须将这些图形的位置逆时针方向旋转 90 度，而且在每一次旋转中，图形的颜色都与上一部分相反。

49：Z
从左至右，字母对应数值分别减 2，加 5，两种运算交替进行。

50：Z
从左上方向下，一直再到右上方的字母，每两个相邻字母间都间隔了 6 个字母。

51：U
由上至下，字母之间相隔的字母数分别为 1，2，3，4，5。

52：E，L，W
从左上方开始，以列为单位，字母间隔分别是 2，3，4……

53：124
数列分别是 1-5 的立方减去 1。

54：K

从左上方开始，以列为单位，自上而下，每两个相邻字母间隔分别是 4，6，8，10……

55：1

从左上方开始，按照顺时针方向螺旋转动，每两个相邻字母的间隔为 7。

Level 13

1：Z   D   F
    F   X   L
    L   R   R

按照从左上开始，第一列一直向下，下一列再向上的顺序，字母间隔为 6。

2：1

在里面小方块内的数字等于它对着的三个大方块中的数字之和。

3：I

从上向下看，字母按照字母表的顺序排列，跳过笔画中带有曲线的字母。

4：1

从左至右，由上而下，每个圆圈中的数字之和分别为 14，15，16，17……

5：6

把中间一列数字的平方数分为两位写在左右两边。

6：23

从左上方开始，按照向下先右后左，前后交替的顺序，数字每次递增 4，从右上开始也是如此，递增为 5。

7：B

从左下角开始，向右进行，然后一直到上一行，再向左进行，按这个顺序，字母间隔依次为 3，4，5，6……，一直到顶点。

8：Q

在每个圆中，观察任意对面两个部分之中的两个字母，其中一个到字母表表头的距离正好等于另一个到表尾的距离。

9：E

在每组三格的图形中，顶上两个字母所对应的数值之差等于下部的字母数值。

10：8 和 20

从图形顶端开始，沿着对角线向左下延伸，第一条斜线中，数字每次增加2，然后其它斜线上的数字依次以3，4，5，6……递增。

11：K

在每一个图形中，从左上开始，按照顺时针方向转动，到中心为止，每个圆圈中字母间隔都相同。

12：12

从左向右，以顶端的数字为始，顺时针方向转动，在最左边一颗五角星中，每个数字乘以2减2，得出下一个角上的数字，中间的星星乘以2 减去3，最右边的星星乘以2减去4。

13：H

从左上开始，按照顺时针方向螺旋前进，字母按照字母表顺序排列，跳过笔画中带有曲线的字母。

14：M

按照从上向下的顺序，字母对应数值为质数数列。

15：6

在每组数字中，下面的数字是上面两个数字之和的平均值。

16：

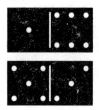

从左向右，每列的点数分别为12，13，14，15……

17：

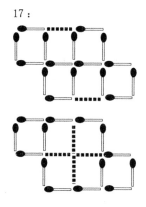

18：9

从上到下，交替进行减2，加4的计算。

19：W

从 E 开始，顺时针方向移动，字母对应数值依次增加3，5，7，然后重复这一过程。

20：4

把最上面一行和最下面一行看作两个二位数字，将二者相乘所得结果为一个三位数，即是中间行的数字。

21：6

图示中所有行、列的数字之和是15。

22：891

把每个椭圆中的三位数看为三个数字，中间的数字由 4 开始依次递增1，将中间的数字平方后，把结果分为两位写在左右两边。

23：12 个苹果

24：自上而下，红桃 5，黑桃 A，

在每行中，最右边牌面上的点数等于本行中所有黑牌点数和红牌点数之差，此牌除外。而且每行中最左边和最右边的牌的花色总是一样。

25：D

从左到右，逐行来观察图形，@在正方形周围的四个角呈"8"形移动，*在中间两列中，沿逆时针顺序以间隔为2的方式移动；△只在第三行来回移动。

26：E

圆点沿左上到右下方向对称排列。

27：17

从左到右沿对角线向下排列，每条直线上数字的间隔相同。

28：10

位于上半部分外环中的数字，先分别加上1，然后倒序排列，就构成了内环下半部分中的数字；反之位于下半部分外环中的数字，先分别加上1，然后倒序排列，就构成了内环上半部中的数字。

29：179

按照顺时针顺序，前一个数字的2倍分别加上1，3，5，7，和9。

30：E

将每个表上的数字相加，其它的都是平方数。

31：从上到下，分别是红桃J，梅花7，梅花Q和方片2

扑克牌的排列是以中间的红桃A为中心，沿180度对称排列的，经旋转后在同一平面上的牌的点数相同，颜色相同（都为红色或黑色），花色不同。

32：3

在每个三角形中，将底边数字相乘，得到两位数，再将这两个数字相加，就得到了顶角的数字。

33：表中所示数字相加等于10，所以有很多答案可以选择。

34：14

在上方的一组方框中，右边方框中的数字是由左边方框中的字母所对应数值按照顺时针方向旋转90度而成的；下面一组规则相同，只不过左边方框呈现的是右边字母在倒序字母表中对应的数值。

35：N

处于三角形中间的数字等于三个角字母数值的平方和。

36：D

在每一行中，从左到右字母的间隔为3。

37：C&Y

从左边的两列字母开始，从上到下，每一对字母都被复写在右边由下往上的两列中，只是每一个对应字母在字母表中对应的数值加1。

38：14

图表中，中心的数字15等于对角线区域两个数字的平均值。

39：L

字母在圆中，是成对排列在对角区域的，而且字母数值较低的字母与另一个字母在正序和倒序字母表中的位置相同。

40：R&H

在每一个圆中，从左上方开始，按顺时针顺序，字母先向前移动6个位置，再后退2个位置，然后再向前移动4个位置。

41：13

在每一行中，将前两个数字之积减

去第 3 个数字，就得到了右边方框中的数字。

SOLUTIONS

42：J
将左半圆中的字母对应数值加上 5，就得出了对角区域的字母数值。

43：1
在每一个圆中，将上方两个数字相乘得到一个两位数，再将这两个数字相加得到一个个位数，就是下方区域的数字。

44：14
左右两边数字之和等于中间三个数字之和。

45：G
在每个圆中，按照顺时针方向，字母向后移动 3 个位置，然后再向前 1 个位置。

46：34&36
在每一组图形中，将顶行第一个数字加上 2，就得到了它下方的数字，然后再将对应上下行的数字相加就得到顶行第二个数字，以此类推。

47：6
在每一行中，中间数字等于左右数字之和加上中间数字上方的数字。

48：22
按顺时针方向，加上 1，2 和 3 等。

49：V
从上方开始字母分别向前移动 2,3,4,5,和 6 个位置。

50：3
下面方框中的数字等于其上方两个数字的平方和。

51：1 只羊

52：K
将上方左侧和中间的字母对应数值相加就可推出下方左侧的字母；同理将上方右侧和中间字母对应数值相加就推出了下方右侧的字母。

53：M
从上到下，将字母先向前移动 2 个位置，然后再向后移动 5 个位置，依次类推。

Level 14

1：S
字母对应数字分别代表了前 10 个质数。

2：14
从左上开始，移到右边，然后向下一格移到左边，最后再向下一格移至右边，数字间隔依次为 2，3 和 4 等。

3：1= 莫利，2= 弗兰克，3= 罗伊，4= 莫德。

4：

5：

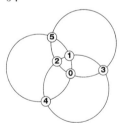

6：Q
每个圆中，字母数值间隔为 1，当移到右侧时，对应区域字母会沿顺时针方向移动 90 度。

7：I
字母是按字母表顺序排列的，除去书写有弯曲的字母。

8：52
将第一个圆中的数字都除以 2，然后在第 2 个圆中将新的数字按逆时针方向移动一个位置排列；将第一个圆中的数字都乘以 2，然后在 3 个圆中将新的数字按顺时针方向移动一个位置排列。

9：黑桃 A
在每一行中，最右侧牌的点数等于前面三张牌中红色牌和黑色牌的点数之差，并且每一行中牌的花色不同。

10：A
如果将每个表中的数字相加，其结果间隔为 5。

11：21
方框中数字是 5 个元音字母所对应的数字。

12：3
在每一行中，将左右两边的数字的个位和十位颠倒，然后将左右两边所得新数字相除，就得出了中间的数字。

13：3（黑桃或梅花）
在每一行中，将黑色牌的点数相加得出一个两位数，再将这两个数字相加，就得到了中间红色牌的点数。

14：F
从左上方开始，每个三角形按顺时针方向，字母对应数值的间隔分别为 2，4，6 和 8 等。

15：T
第一行字母对应数值间隔为 3，中间为 4，最后是 5。

16：5
将中间三个数字相加，将结果的两位数位置颠倒，就得出了前面的两列数字；再将这三个数字相乘，同样将结果数字颠倒位置，就得到了后两列数字。

SOLUTIONS

407

17：4

在交替行中，从左到右，数字排列的顺序是 5，7，2，1，9，0，3；而字母的排列顺序则是 J，Q，L，C，Y，P，R，A，S。

18：梅花 8

在每一行中，结果牌的点数等于点数为偶数的平均数加上点数为奇数的差值。花色与每一行中奇数点数最大的牌相同。

19：21

20：最后一行的数字为其它所有数字之积。

21：1

这个正方形可以划分为 4 个 5×5 的正方形，每个正方形的数字构成相同。

22：红桃 3

在每一行中，前三张牌的点数的平均数等于右边牌的点数，并且每一行四张牌的花色不同。

23：410

在其它所有数字中，每一个三位数的前两位数字之和等于第三位数字。

24：下午 9 点

25：从左到右，分别是 4，9，8 和 4（任意花色）

在每一纵列中，上面三张牌的点数之和与下面三张牌的点数之和都等于中间牌的点数。

26：7

在每个正方形中，外面正方形的三个数之和等于中心正方形内相应位置的数字按顺时针方向移动一位。

27：K

在每对方格中，第一个字母距离字母表表头的距离与第二个字母距离字母表表尾的距离一样。

28：40

从 14 开始，按照顺时针方向，把每个两位数看成两个一位数相加，结果再加上原来的两位数，即是下一个数字。

29：Q

在每行中，左边和中间的字母对应数值之和即是右边的字母数值。

30：3

在图示中，从顶上向右下方按斜线移动，第一条斜线上的数字之和为 12，下一条为 13，依此类推。

31：6

在每个图形中，将顶上的两个数字之积，和中间的数字相乘，然后将所得的两位数字分别写在下面的两个圆圈里。

32：A

以行为单位，从左向右观察，黑点组成了直边图形，而且图形边数每次增加一条。

33：2

在格子的每一行中，数字 0-9 各出现一次。

34：（从左向右）U，J，Z

从左上开始，顺时针以螺旋形前进，字母按照字母表的顺序，字母间隔分别为 2，3，4，5，然后又是 2，3，4，5，直至中心。

35：N

从左上方开始，然后以 "W" 形向右移动，在同样位置的字母按照一定顺序排列，之间相隔的字母个数分别为 0，1，

2，3。

36：7

从最上边的圆圈开始，圆圈中的数字加上左边圆圈中对应位置的数字，结果即为下面圆圈中对应的数字。

37：6

把每一行都看成一个三位数字，那么这三个三位数字分别是12，13，14的平方。

38：9

从左上方开始，按顺时针螺旋前进直到中心，前两个数字之和减去1就得出下一个数字。

39：99

从上面开始，第一个方格里的数字代表5×7，第二个是6×8，然后是7×9，8×10，9×11。

40：4

在每个五角星中，把顶部的数字和底下两个角的数字相加，然后将得到的两位数分别写在左右两边的角上。

41：由上至下，

从左上角开始，按顺时针方向螺旋前进至中心，有两个序列，即以第一、三、五个圆和第二、四、六个圆为起始的两个序列，第一个圆之中有一块阴影，本序列的第二个圆就有两块阴影，每次增加一块阴影，依此类推，当一个圆被阴影填满时，便有一块阴影消失；第二个序列也循此规律，但是以一个填满阴影的圆作为开始。

42：S

从左上角开始，按逆时针向下方

前进，字母之间的间隔为4；若从右上方开始，顺时针向下移动，字母间隔为5。

43：X

从左上方开始，顺时针以"Z"字形沿图形移动，字母间隔为8。

44：C

从左上角开始，从上到下逐行观察，字母按照字母表的顺序，每次后退6位。

45：

46：U

在每一个图中，从左上角的方格开始，按顺时针方向，第一组字母之间间隔4位，第二组为5位，第三组为6位，最后一组为7位。

47：4

把图形平均分成四部分，每部分分别用阴影块组成M，N，O，P。

48：E

在每一个格子中，都有两个用黑点组成的图形。在图示每行中，从左向右每个格子中的两个图形都分别增长一个黑点数。

49：2

从左边开始，每一对数字都是一个9的倍数减1，从36开始。

Level 15

1：8

在每个三角形中，把顶上的数字和中间的数字相乘，所得的两位数分别写在下边的两个底角上。

2：V

从左边的图形开始，按照从左向右的顺序，每向右移动一位，字母对应位置的数值便以相同的幅度增长。

3：2

以每行为一单位，把左右两边的数字看成一个二位数，数字对应的英文字母即是中间的字母。

4：4

把每行都看为一个三位数字，每行的数字则都是 12 的倍数。

5：E

从左向右看，每次阴影区逆时针移动一格，* 顺时针移动一格，两个·每次向相反方向移动一格。

6：1

把左上方和右上方的两个圆圈作为起始圆圈，中间圆圈中的数字为两边起始圆圈的数字之和，左下方的数字为两边数字之积，右下方的数字为其差。

7：C

在每个表盘上，分钟数为小时的三倍。

8：F

从左上开始，按顺时针螺旋向中心移动，相邻字母依次在倒序字母表上跳过 2，3，4，5……个字母。

9：11

上部两个圆圈中的数字之和为左下圆圈中的数字，之差为右下圆圈中的数字。

10：5

在每个五角星中，角上的偶数之和都等于奇数之和。

11：9

左右两列数字之和相等。

12：X

从左上方开始，自左向右，每个字母间的间隔分别是 2，3，4，5……

13：P

在每个图形中，左边一组字母对应数值之和与右边一组字母对应数值之和相等，中间字母所代表的数值就等于其中任一组数值之和的平均值。

14：1

把每行数字看为一个三位数，把前两行的两个三位数相加，结果即是最下面一行的数字。

15：6

按行进行计算，左上角的数字减 2 等于中间的数字，再减 3 等于右上角的数字，下一行仍做此计算，依次减 4，减 5，最后一行依次减去 6，7。

16：E

在每个图表中，上部两个方块中字母对应的数值之和减去 5 则为下面字母的数值。

17：C

从左上方开始，每行按照从右向左的顺序，字母之间的间隔分别为 6，5，4，然后再重复这一规律直到底部。

18：1212

从 2 开始，顺时针转动，每个数字加 2 乘以 3，结果为下一个数字。

19：25

按照从左至右的顺序，数字分别增长 7，6，5，4。

20：Z

按照从左到右的顺序，以行为单位，第一行字母以 6 位递增，第二行以 8 位，最后一行以 10 位。

21：5

22：253

从上到下观察，数字依次是 11-16 的平方数减 3。

23：Q

在圆形中任取对面的一对字母，二者之间的距离为 10 位。

24：4

按照从左向右的顺序，前三个数字组成一条斜线，每个数字加上 5，结果即是中间对应位置斜线上的数字。中间斜线上的数字减去 4 即是右边斜线上的数字。

25：

以行为单位，从左边的圆圈开始，每次增加 1 个扇形区域，然后进行反色，便成为下一个图形。

26：12

将每个内环上数字的平方减去原始数字，结果等于对面外环的相应数字。

27：14

将上面的两行作为第一组，下面两行作为第二组。第一组从左上方开始按顺时针方向排列，先将第一个数字乘以 2，再将第二个数字除以 2，依次类推，就得出了第二组从右下方开始顺时针方向相应位置的数字。

28：C

每个表上的数字之和都等于 18。

29：黑桃 9，方片 9，黑桃 7 和黑桃 2

在每一行中，黑桃代表正数，方片代表代表负数，最右边的牌代表左边所有牌的点数之和。

30：30

在每一个圆中，从左上方开始，按照顺时针方向，将第一个数字乘以 2，再减去 2，就得到了下一个数字。

31：A

从方框的左边开始看，显示的分别是 1-6 之间的数字。

32：梅花 8

在每一行中，从左到右，点数的间隔分别为 2，3，4，并且花色不同。

33：41

一个骰子对面加起来是 7 点，那一个骰子就是 21 点，让 21 乘以 3 再减去你看到的点数就是答案。

34：13

按顺时针方向，加上 4 就得出了下一个数字，然后再减去 2，依次类推。

35：37&45

在每个正方形中，中间数字等于上面两个数字积与下面数字积之和。

36：27

在每一个图形中，从左下方到右上的这条对角线上的数字间隔为 4，剩下两个数字之和等于中间的数字。

37：1

中间的数字等于上方数字之积减去下方数字之积。

38：从左到右分别为方片 9，红桃 J，梅花 6 和红桃 Q

从左上方开始，扑克牌是按照逆时针螺旋方式排列的，排列的顺序是 2，9，5，Q，A，3，6，J，K。花色是按照红桃，梅花，红桃，黑桃，黑桃，方片的逆时针方向排列的。

39：Z

从左上的字母开始，左列字母排列的间隔为 3，右列的间隔为 4，除去所有元音字母。

40：30

数字间隔为 7，然后是 6，5，4，和 3。

41：K

中间的数字等于左侧字母对应数值和右侧字母倒序的对应数值之和。

42：14

从第一组左侧的两个数字开始，从左到右，向上和向下分别呈"∧""∨"形移动，数字间隔依次为 2 和 3，第二组间隔依次是 3 和 4，第三组依次是 4 和 5。

43：3

从左到右，上面圆中的字母对应数值以下面两个圆中相关区域的数字为标准逐渐增大。

44：L

从每个三角形的顶角开始，字母是按照顺指针方向向前移动三个位置排列的，在中间结束。

45：0

将左边圆中的字母数值乘以 2，就得到了中间圆相应区域的字母数值，然后再乘以 3，就会得到最后一个圆中字母的相应数值。

46：Z

在每一个圆中，从左上方开始，按照顺时针方向，将每个字母数值乘以 2 再减去 2，就推出了下一个字母。

47：13

按照顺时针方向，围绕这四个方框，在相应区域的数字的间隔分别为 1，2，3 和 5。

48：4

这个表格是以左上到右下方向的轴线为对称轴排列的。

1：5

将上面两个数字构成的两位数减去下面的两位数，就得出了中间的数字。

2：梅花8

从左向右，扑克牌排列的点数间隔为2，3，4，5和6，当到K的时候再从A点开始，并且花色排列的形式相同。

3：5

左下方圆中的数字等于上方前两个圆中相应位置数字之和，而右下方圆中数字则等于上方后两个圆中相应数字之差。

4：14

在每一行中将左边和中间数字分别减去1，然后相乘，就得出了右边的数字。

5：3&3

上方圆中各个区域的数字等于左边圆中相应对角区域数字之和，下方圆中的数值则是左边圆中相应对角区域数字之差。

6：雅尼娜买的物品价格为1.01美元，100.10美元&121.11美元；杰姬则是4.02美元，49.07美元&169.13美元。

7：E

从Y开始，字母对应数字减少的间隔依次为2，3，4，5和6。

8：1

这个表格以中间点为中心，180度旋转后，对称排列。

9：39

按顺指针方向，每个数字乘以2，再依次减去1，2，3等。

10：6

从每个左边的字母开始，将字母数值加上2，得到后面两个方格中的数字；下面两组分别加上3和4。

11：9

在每一组中，第一行中的前两个数字相加就得到了最后一个数字，而第二行中前两个数字之差就构成了最后空格中的数字。

12：Z

字母按照左上到右下方向的对角线排列，字母间隔为4。

13：1

右半圆相关区域的数字，等于其相对区域数字乘以2再减去3。

14：6

在每个图表中，第1个图表每个字母倒序数值加上5就是下方表格中的数字，第2个图表加4，第3个图表加3。

15：4：30

将小时数字与分钟数字相乘得36。

16：14

在每个正方形中，中间数字等于上下两边数字之和减去左右两边数字之和。

17：B

从左到右，正方形沿逆时针方向移动2个区域；圆形逆时针移动3个区域；

星号逆时针移动 4 个区域；三角形顺时针移动 1 个区域。

18：从上到下，分别是黑 J，红 K，红 4 和黑 8

在前五行中，红色牌的点数之和等于右边牌的点数；而在前五列中，黑色牌点数等于下面牌的点数。

19：142-3=139

20：L

每个正方形中的字母都是按顺时针方向排列的，并且增加的间隔数相等。

21：A

图中每个图形都是由 3 个一样的数字经过压缩和旋转 90 度后形成的。

22：2

从左到右移动，每个方框中的数字都为一个数的平方减去底数。（7×7=49-7= 42）

23：16

从上方数字开始，按照顺时针方向移动，数字围绕 24 小时的表移动，左边五角星时间快 5 个小时，中间快 6 个小时，右边快 7 个小时。

24：

在每一列中，将前两个圆中的黑色区域相加就得出了最下面一个圆；而第三个圆则前两个圆的黑色区域相减。

25：

26：1

将第一行中的数字相乘就得出了下一行左边的数字，第一行数字相加就得出了第二个数字，第三、四行以此类推。

27：上到下分别是 14，17&33

从上方开始，数字沿着对角线从左到右排列，间隔为 2，然后是 4，再是 5 等等。

28：B

从左至右看，一个阴影区域不动，另一个在两个相对格子之间来回移动，□顺时针一次移动两个格，•逆时针一次移动两个格。

29：11

以行为单位，把左边和中间圆圈中的数字相加，即是右边格子对应区域对面的数字。

30：E

按照从左向右的顺序，小时数按 1，2，3，4 递减，而分钟数按 5，6，7，8 递增。

31：Z

从 J 开始，按顺时针方向，字母前进 10 位或后退 4 位，两个过程交替进行。

32：14

从左上方开始，沿着图形顺时针移动，前两个数字之和再加上 1 即是下一个数字。

33：A

以行为单位，把左手边和中间的格子重叠，如果两个叉出现在同一格中，那么把这两个都去掉，最后所得的图形就是右边的图形。

34：J

从最上面圆圈的右上角开始，沿着

三个圆圈顺时针转动，每次转动一格，字母按照字母表移动一位，下一个字母也按此规律转动，但是移动两位；依此类推，其它区域也重复此过程，但是每次多跳一个字母。

35：A
从左上方开始，再到底端，然后到右边下一列向上，以此类推，字母一直为"M，H，Z，A，L，Q，R，B，G"的重复。

36：S
从左上方开始，字母从外圈到下一区域的内圈，先在字母表中跳过2位，再跳过3位，依此类推。另一序列由内圈开始向下一区域的外圈移动，字母在字母表中依次退后两位和三位。

37：1
把最上边两个字母对应的数值之和分成两位写到中间，下面两个字母也同样如此。

38：C
在每一个圆圈内，上面两个字母对应的数值之和为18，下面为22。

39：0
在每个图形中，把上面两个数字看为一个二位数字，减去中间的数，其结果即是下面的数字。

40：10
在每个圆圈中，上面两个数字之差的二倍为下面的数字。

41：C
写下所有字母对应的数值，在每一个图表中，上面两个数字之和与下面两个数字之和的差便是中间的字母数值。

42：7
上面两个圆圈中对应区域的数字之和为左下方圆圈内的数字，之差为右下方圆圈内的数字。

43：距离两只表再次显示相同的时间还有720天，距离它们都显示出准确时间还有3600天。

44：Q
把上部两个方块中的字母对应数值相加，结果除以2，即是底部方块中字母的倒序数值。

45：

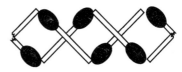

46：21
每个格子里的数字都是字母表中元音字母对应的数值。

47：4，12

48：21
从上方开始，数字分别是4与由4到9的数字的乘积，将结果所得的两位数个位与十位颠倒写在格子中。

49：D
以行为单位，从左到右，由上至下，字母依次是12个月份的首字母。

50：从左向右：31，16，39
图示中从顶端开始，沿着由下向上的对角线方向，从左至右依次排列的是从2到29的质数数列。在这一循环结束后，将这一数列逐项加1再循环。

Level 17

1：D

以行为单位，从左向右，•每次在大方格的四个角顺时针移动两格，×沿直线在格子内来回移动，#在中间四个格子内顺时针每次移动一格。另外，大方格每次按顺时针转动90度。

2：V

从左上方开始，沿逆时针方向螺旋向中心转动，字母间隔分别是3，4，5……

3：48

把每个圆圈垂直分成两半，最右上角的数字为左边三个区域的数字之和，中间的数字为三个数字的平均数，右下方的数字是它们的乘积。

4：1

此图形围绕中心旋转180度对称。

5：（由上至下）B，D

从右上角开始，向下沿对角线方向，斜线上的字母按照字母表顺序排列，字母间隔为3。

6：A

从左向右，由上至下，每个圆圈中的字母数值之和为从8到16的偶数。

7：T

从左上方开始，沿顺时针方向螺旋前进，字母间隔分别为6，5，4，3，2，1，然后再重复。

8：2

以行为单位，从上到下，将每行的三个数字看为一个三位数，三个数字分别是9×12，10×12，11×12的结果。

9：P

以行为单位，从左向右，由上至下，在每个圆圈中由左上方开始，沿顺时针方向，在第一个圈中，按照字母表的顺序，字母间隔为5，接下来分别是6，7，8。

10：由内到外：G，B

沿水平方向把图形分成上下两个部分，从上面的部分开始，在大圈内从左向右移动，然后在小圈内从右向左移动，字母间隔分别为2，3，4……在图形下半部分重复这一程序，由左边的大圈开始。

11：9

把每行数字看成一个三位数，每行分别代表7，8，9的立方数。

12：E

从左向右观察三个图形，对应位置上的字母跳过的字母数分别为1，2，3，4，5，而且每次顺时针方向转动90度。

13：U

从左边开始，把三个字母对应数值分别加2，3，4，并且沿顺时针方向转一个区域，结果即是下一个圈内的字母。

14：B

所有的图形都是随机的，但是最左边一列有两个黑格，接下来是4个，6个，最后一列有8个。

15：U

从左上方开始，沿顺时针方向螺旋前进至中心，每相邻两个字母之间跳过8个字母。

16：4913

自上而下，数字分别是12-17的立方数。

17：

18：J
把顶端两个字母对应的数值相加，与此数字相对的倒序字母即是底下表格的字母。

19：10

20：（从左向右）A，G
每行每列的字母对应数值之和都是25。

21：（由上至下）D，Z，U，Q
把图表平均分为上下两部分，在上一部分中，由左上方开始，以逆时针方向螺旋向中心前进，字母间隔为4。在下一部分中，由右下角开始，以逆时针方向向中心前进，字母间隔为5。

22：3
每一行的数字之和都是52。

23：36
每个三角形中间的数字等于顶点和左边数字之差再乘以右边数字。

24：63
排列顺序为1，2，3，4的立方减去1。

25：138
从左下方的数字开始，按顺时针螺旋的方式排列，将后面数字先乘以2，然后减去5等。

26：W 或 E
按照顺时针方向，每个区域字母的连续笔画有1个，2个，3个，4个，依次循环。

27：Q
按照顺时针方向移动，字母的间隔为9，7，5，3和1。

28：X
在三组图形中，第一组顶行字母依次加4，就可得出各自对应的下方字母数值，同理第二组加5，第三组加6。

29：3
每一行都是0-9的任意数字。

30：29
在每个图表中，上方两个数字之积加上这两个数字之和，就等于下面的数字。

31：W
从左向右移动，从上面一行到下面一行，在每个正方形中，左上角的字母向前移动1个间隔；右上角向后移动2个间隔；左下角向后移动1个间隔；右下角向前移动2个间隔。

32：D
从左到右，有曲线的图形按顺时针方向移动2个位置；而有直边的图形则是向对角区域移动。

33：5
将3×3并且标有9位于中间的圆组成一组，则每一组中都是0-9的任意数字。

34：3
在每一行中，左边两个方框中字母

对应的数值之和，就是右边两方框构成的两位数。

35：J

方框中字母遵循的规则是，除去那些只有直边的字母。

36：C

将分钟的数字相加就得出了小时的数字。

37：B

从左到右，×沿顺时针方向移动一个区域，然后是 2，3 等；△沿顺指针方向移动 4 个位置，然后 3，2 等；〇和□移动到对角区域，然后又返回；#和 * 沿顺时针方向在首先出现的两个连续空白区域内移动；而•则填充所有剩下的空白区域。

38：A=4，B=6

将第二行和第三行组成的数字相乘（如第一个图中：17×23），结果写在第一行；然后将第一行的三个数字相乘（如第一个图中：3×9×1），将新数字的平方写在下面一行。

39：L

从左向右移动，字母的间隔为 1，2，3，而它们的相关位置每次沿顺时针方向移动 120 度。

40：2

将第一行三个数字组成的三位数和第二行六个数字组成的四位数相加就得出了第三行的数字。

41：169

以质数的平方排列。

42：36

第一组图形是按照质数排列的，将这些数字乘以 2 再减去 2，就是第二组

图形中的数字，将第一组图形中的数字乘以 3 再减去 3，就是第三组图形中的数字。

43：17

按照顺时针方向，将质数表前 6 个质数分别加上 4。

44：4

中间字母在倒序字母表中的对应数值等于同一行中左右两个数字组成的两位数。

45：1 美元

46：7

下面四个角的数字之和减去顶点的数字，就得出了中间的数字。

1：15

每一组图形中的顶行，按照从左下到右上的顺序，第一组分别加 5，第二组加 6，第三组加 7。将左下方的数字减去上行中的数字，就得出了下行中的数字，而下行中的数字再加上左上方的数字就得出了右下面的数字。

2：8

第一行的字母在正序字母表中的位置与下面一行对应字母在倒序字母表中位置相同。中间一行的数字等于下面一行字母数值的一半。

3：1

每个数字等于从 11 开始的往回排列的奇数的平方。

4：C

按照顺时针方向，字母向后移动 6 个位置，然后再前进 2 个位置。

5：14

把外围的数字相乘，然后除以 2，再将所得数字按顺时针方向，移动两个位置排列在中心区域周围。

6：方片 7& 黑桃 8

这些牌是按两个顺序交替排列的，一个顺序是点数增加 2，另一个是点数减少 1，花色分别是红桃，方片，黑桃和梅花。

7：梅花 3& 红桃 9

将前五张牌中的奇数牌的点数相加，得出一个两位数，再将这两个数字相加就得出了这一行的梅花牌的点数，同样将偶数牌的点数相加推算出这一行红桃牌的点数。

8：72

最上面圆的上半部数字分别乘以 3 就得出了对角区域的数字，左边圆是乘以 6，下面圆是乘以 9。

9：F

在每一行中，从左到右，最上面一行圆点每次下移一行，到达底边时再从第一行开始；右边一列在方框中来回移动；另外，有一个左下角的圆点沿顺时针方向在四个角运动，还有一个圆点每次都占据中心的位置，然而，如果因为前面的规则，这两个圆点位置已经被占据的话，这个点就会变成空白的。

10：20

在每个圆中，将上方的那两个数字相乘，减去右下方的数字，就得出了左下方的数字。

11：67

从上到下，将数字乘以 2，再减去 3。

12：D

在每个表中，分钟数字等于小时数字乘以 3。

13：B

从左上方开始，到每一行的右侧，每次最上方和第三个圆点的位置固定不变，这两个圆点中间的那个圆点在每一行来回移动 3 个位置；最下方的圆点每次移动 1 个位置，而它上方的那个圆点移动 2 个位置。另外整个表格每次沿顺时针方向旋转 90 度。

14：10

在每个圆中，右上方的数字等于左边数字的平均数；而右下方的数字等于左边数字之差。

15：M

字母按照倒序字母表排列，字母间

隔为 7，6，5，4 和 3。

16：21

在每一个圆中，从左上方开始，沿顺时针方向移动，将第一个数字乘以 3 再减去 3 就得出了下一个数字。

17：A

将每个表的分钟数字除以 4，就得出了小时数值。

18：13

从左上方开始，处于每个圆中相应区域的数字间隔为 1，2，3 和 4，当向右移动时，相关位置按照顺时针方向，旋转 90 度。

19：2：53

将手表中分钟和小时分开来，小时数字间隔减少为 3，4，5 和 6。而分钟数字则增加为 21，23，25 和 27。

20：1

每个三角形中，中间的数字等于三个角数字的平方和。

21：5

从左到右，每组数字的和分别为 32，34 和 36。

22：B

在每行中，前两个图形是垂直方向上的镜像，后两个是水平方向上的镜像。

23：4

把大方格均分成四部分，从左上方的数字开始，每个数字加 1，结果即为右上方对应位置中的数字，加 2 则是右下方的数字，加 3 则是左下方的数字。

24：K

把图表分成四部分，每部分为 3×3

共 9 个格，在每一部分中，从左上开始，按顺时针方向螺旋前进，字母间隔为 4。

25：7

把每行的四个数字看为一个四位数，四个四位数分别是 10，11，12，13 的立方数。

26：8

左下方圆圈中的数字之和等于上方三个圆圈中的奇数之和，右下方则为偶数之和。

27：5

在每个五角星中，把上面三个角上的数字之和分成两位写在下面两个角上。

28：从上到下：F，W，E

从左上角开始，由左至右沿着斜向上的对角线，字母按字母表排列，跳过笔画中带有曲线的字母。

29：6

把每个圆圈顶部的数字相乘，将所得数字每位相加，得出的数字放入下面一格。

30：I

以行为单位，居中的字母是字母表中两边字母中间的元音字母。

31：1

以行为单位，由上至下，把每行看成一个数，三个数字分别是 11×9、11×10、11×11 的乘积。

32：A

每个大字母对应数值的平方数，在字母表中对应的字母即是中间小方格中对角的字母。

33：5，15

在每个圆圈中，相隔数字的总和都

为 20。

34 ：D

以行为单位，把左右两边的图形的镜象重叠在一起，结果即为中间的图像。

35 ：13

从上面一行开始，把左边和中间圆圈中对应位置的数字相加，所得结果即是右下方圆圈中对应位置的数字；同样把左下方和中间圆圈中的数字相加，其结果即为右上方圆圈中的数字。

36 ：C

在每行中，左边和右边字母对应数值的和等于中间字母的数值。

37 ：从左向右，2，9

每行与每列的数字之和都是 25。

38 ：从左向右，K，A，H

从左上方开始，沿顺时针方向螺旋向中心前进，相邻字母间的对应数值差值为 5。

39 ：把 9 翻转过来变成 6，两组算式的结果全是 21。

40 ：

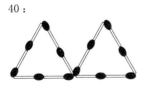

41 ：2，4，8，16，32 和 64。

42 ：3

把图表垂直分为两列，得到两组二位数字，由上到下，由左到右，二组数字从 14 到 63，全为 7 的倍数。

1 ：4

把图表平均分成四份，每份都完全一样。

2 ：9

以最上面一行为开始，把左边圆圈中的数字都乘以 2，加上中间和右边圆圈中的数字，结果为左下方圆圈中对应位置的数字。重复这一过程，但是这次将中间圆圈中的数字翻倍，结果为下面中间圆圈中的数字；将右边圆圈中的数字翻倍，加上左边和中间圆圈中的数字，结果即为右下方圆圈中的数字。

3 ：S

从图表左边开始，按照每列从左向右，字母以字母表的顺序排列，每次移动 7 位。

4 ：6

从左边开始，在每个圆中的相同位置各取一个数字，组成一个三位数，三个三位数分别是 14，15，16 的平方数。

5 ：J，E

这四个圆圈中的字母分别组成 Joseph，Edward，Andrew 和 Robert 这四个常见的名字。

6 ：3

在每个正方形中，把上部两个数字相加，得到一个两位数字，再把这个数字分别写在正方形下部。

7 ：1

按照从顶行到底行、从左向右的顺序，每个圆圈中的数字之和可以组成一个质数数列。

8：A

在每一个正方形中，用线把黑点连起来，均可以形成一个带直边的图形。按照从左到右从上到下的顺序，直边形的边数从3到8，每次增加1。

9：F

字母是按照字母表的顺序排列的，相邻字母间隔为3，这一序列的起点在左边五角星的顶点，移到中间五角星的顶点，然后到右边五角星的相同位置，再转回第一颗五角星在顺时针方向的第二个角上的字母，以此循环再次开始。

10：C

以行为单位，如果你重叠每行的四个格子，会得到一个完全对称的图形。

11：1

图形中四角上的数字之和为20，四边上中间的数字之和也是20。

12：10

任何一个角在顺时针方向上的下一个数字都等于它所在边上的两角数字之和。

13：15

从最上方的圆圈开始，把每个数字乘以2再减去2，所得结果为左边圆圈中的数字；乘以3再减去3，结果则为右下方圆圈中的数字。

14：3

把每行都看为一个三位数，分别是5，6，7的立方数。

15：1

把图表垂直分为两部分，会得到两列三位数，从左上方开始，向下，然后再从右上方，再向下，这一序列三位数分别是10-21的平方数。

16：可能一个都没有。

17：S

把每个圆圈都水平分为上下两部分，这样便出现四行字母：上行，中上，中下和下行，从上行左边开始，一直向右，再移到中上行，向左，到尽头后再移到中下行，依次呈S形前进，相邻字母间隔为6。

18：S

从左上方开始，按顺时针方向螺旋前进，字母间隔分别为2，3，4等，依此类推。

19：2

把每一行看做一个三位数，从上至下，每个数字分别是7，8，9的立方数。

20：1

在每条水平方向的线上，左右两边的字母对应数值之和在字母表中的倒序字母即是中间字母。

21：8

把每个水平线上的数字看成一个四位数，自上而下，每个数字分别代表16，17，18，19的立方数。

22：V

以行为单位，从左向右，从上到下，图形按照字母表的顺序，且图形中只有笔画为直线的字母。

23：D

在每个图形中，中间字母的数值等于左边字母对应数值之和与右边字母对应数值之和的差。

24：9

将每个外环上的数字做两位数，把这两个数字相乘，将结果加上1，就得出了其对面区域内环上的数字。

25：12

在每个方框中，将上方数字的平方减去 4，就得出了下方的数字。

26：51

从左边的圆开始，每一列中从上到下，然后到右边一列，依次先加上 1，然后加上 2，再加上 3，一直到中心的圆，然后再依次减去 11，10，9 等。

27：56

在每一个图表中，将左上方的数字除以 3，乘以右边的数字，再乘以 4，就得出了下面的数字。

28：

在每一行中，将左边的图形作为参照物，沿垂直的轴线投射就得出了中间的图形，再沿着水平的轴线投射就可得出右边的图形。

29：55

这些数字按照质数乘以 5 的顺序排列的。

30：J

在每一行中，左边数字等于中间字母对应的数值加 1，而右边的数字则等于中间字母对应的倒序数值加上 1。

31：19

在每一行中，从左边开始，将前一个数字乘以 3 再减去 2，就得出了下一个数字。

32：H

在每一行中，将左右两边字母的对应数值相加，就得出了中间字母的倒序数值。

33：65

从上到下，将每个数字乘以 2，再减去 1。

34：X

左列字母数值间隔为 4，中间列为 5，右列为 6。

35：78

从上到下，将每个数字加 1 再乘以 2，就得出了下面的数字。

36：L

从上开始，在字母内部沿顺时针方向螺旋排列，字母的数值间隔为 4。

37：2：53

从左到右，小时数字减少的间隔为 1，2，3 和 4；而分钟数字则为 11，12，13 和 14。

38：4

在每一行中，第一个和第三个数字构成的两位数等于中间字母对应的倒序数值。

39：9

在每一行中，中间数字等于左右两边数字之积减去这两数字之和。

40：2.30 美元

前三个人一共花了 27.60 美元，每样工具买了 12 件，因此每件工具的价格 =2.30 美元。

41：F

在每一行中，将左边和中间的图表叠加就得出了右面的图表，如果叠加后出现了共同的黑色方块，那么在第三个方框中就会变成白色。

Level 20

1：C&N

第一行字母和最后一行对应区域字母的间隔为1，而第二行和第四行对应区域字母的间隔为2。

2：2

第一行和最后一行对应数字之和等于第二行的相应数字；而一二行的对应数字之差则等于第三行的相应数字。

3：V

从左上方开始，字母沿顺时针方向螺旋排列，字母向前移动的间隔分别为2，3和4等。

4：1

中间的数字等于对角区域字母所对应的数值，如果这个数值大于9就将数字相加取个位数。

5：72

图形内部数字是按前9个自然数平方的2倍。

6：477

从上面的三位数开始，将中间数字的平方加上原来的三位数，就得出了下面的数字。

7：

从左到右，将左边的图形作为参照物，中间的图形显示的是原图形和沿垂直轴线投射的图形；而第三个图形则显示的是原图形和沿水平轴线投射的

图形。

8：6

向上排列的所有数字之和与向下排列的所有数字之和相等。

9：A=7，B=9

第一列由上到下组成的四位数与第三列组成的四位数之差，构成了中间这列从上到下两个数字。

10：4

每一列的奇数之和与偶数之和相等。

11：

每一列的点数都是30。

12：2

将每个字母对应数值乘以对角的字母数值，就等于中间字母数值。

13：N

从左上方字母开始，沿着向上的对角线，由左至右，字母的排列是重复的。

14：2

算出上面表格中每列数字的立方和，然后将结果按从上到下的顺序，置于下面表格的对应列内。

15：B

算出上面表格中每列字母对应数值的立方和，然后将结果按倒序排列在下面表格的对应列中。

16：D

其它图形都是对称的。

17：Y－C－P－M－I－T－D－Y－A

本题使用的是两列字母，第一列字母从左上角开始，沿向上对角线从左到右排列，字母排列在交替行中，这列字母不包括元音字母。而另一列字母则是从右下角开始，沿向下对角线从右向左排列在交替行的，其中包含字母表中每一个字母。

18：V

从顶端的圆圈开始，沿顺时针方向，在最外圈上，字母间隔为4，重复这一过程，在下一圈内，字母间隔为5，最后一圈内字母间隔为6。

19：Q

从最左边五角星的顶点开始，向右沿着另两颗五角星的顶点，再回到左边，沿着每颗五角星中间的字母，然后是最底部的字母。字母按照字母表的顺序，每次跳过两个字母。

20：D

以行为单位，自左向右，每次增加一个新的图形，且格子每次顺时针旋转90度。

21：E

自左向右，给每个数字分别加3。如果分钟数超过60，归零；小时数超过12，变为1。

22：16

从左上方开始，自上而下，给每个小格中的数字加3，旋转60度，得到下一个圆圈中的数字，下一个圆圈每个数字减去1，旋转60度，得到下一个圆圈中的数字，以下圆圈也依此类推，加3和减1交替进行。

23：T，D

从顶部的一对字母开始，其字母对应数值之和为下面左边的字母数值，之差为下面右边的字母数值。

24：6

在每个方格中，外边三个数字之和减去中间的数字结果总是5。

25：外圈：I，内圈：D

从左上方开始，外圈沿顺时针方向移动，字母间隔为6，内圈按逆时针移动，字母间隔为7。

26：19

在每个圆圈中，从左上方开始，沿顺时针方向，数字增长幅度相同，第一个圈增加5，第二个增加6，依次类推。

27：E

以行为单位，中间字母对应的数值等于左右两边字母数值之和。

28：A

从左上角开始，向右边直到行尾，然后移到下一行再向左，字母间隔分别为2，3，4，5，依次循环。

29：4

从左上和中间的圆圈开始，两者对应位置的数字之和即是左下圆圈中的数字；用上方中间和右边圆圈中的数字做同样运算，结果为右下面圆圈中的数字。

30：1

在每个图形中，将左右两角上的数字相乘，再减去其余三角上的数字，结果即为中间的数字。

31：7

在每个圆圈中，将上部和下部四个格子中的数字分别看为两个两位数，其和也为一个两位数，将这个两位数分成两个数字写在中间两个格子中。

32：28

在顺时针方向上，数字为质数数列减去1。

SOLUTIONS

33：7

从左上方和中间的圆圈开始，对应位置的数字之和为右下方圆圈内的数字。重复此过程,把右上方和中间圈内的数字相加,结果为左下方圆圈内的数字。

34：G

从左上角的方块开始，按照顺时针方向转动，字母间隔分别为 2，3，4，5，然后每次顺时针旋转一格。

35：U

以列为单位，前两个字母对应数值之和为第三个字母的数值。

36：W

按照从上到下的顺序,在每列之中,第一个与第二个字母间隔 5，第二个与第三个间隔 7。

37：6

两列一组,按照从上到下的顺序,左右两个数字组成的两位数为 7 的倍数,结果反过来写。

38：E

从左向右看，两个阴影区域每次向反方向移动一格，圆点顺时针移动三格，叉号逆时针移动两格。

39：4

在首行中，所有的图形都是垂直方向对称的；而第二行中，为水平方向对称；第三行中，沿对角线对称。

40：T

在每个图形中，从左上方开始，沿顺时针方向直到中心，字母间隔分别为 6，7，8，9。